Raghvendra Kumar

Recuperação de informação a partir de bases de dados

Raghvendra Kumar

Recuperação de informação a partir de bases de dados

Imagem e dados

ScienciaScripts

Cover image: www.ingimage.com

This book is a translation from the original published under ISBN 978-3-659-53352-5.

Publisher:
Sciencia Scripts
is a trademark of
Dodo Books Indian Ocean Ltd. and OmniScriptum S.R.L publishing group

120 High Road, East Finchley, London, N2 9ED, United Kingdom
Str. Armeneasca 28/1, office 1, Chisinau MD-2012, Republic of Moldova, Europe
Printed at: see last page
ISBN: 978-620-8-08986-3

Índice:

Recuperação de informação a partir de bases de dados

Dados e imagens

Raghvendra Kumar
Professor Assistente
Departamento de Ciências da Computação e Engenharia
LNCT College, Jabalpur, Índia

Sobre o livro

Este livro, Recuperação de informação a partir de bases de dados, dados e imagens, fornece o estudo pormenorizado da teoria e dos algoritmos. Responde às necessidades dos estudantes, fazendo-os compreender a utilidade prática da análise de dados no domínio da engenharia, da ciência, das ciências tecnológicas, biológicas e físicas. Uma abordagem essencialmente elementar, incluindo problemas resolvidos e não resolvidos, diagramas e figuras, foi incluída para atrair um público mais vasto. Este livro é útil para alunos de licenciatura, pós-graduação e estudantes de investigação para os seus trabalhos de curso e projectos de investigação no domínio da engenharia, ciência e tecnologia.

Sobre os autores

Raghvendra Kumar tem trabalhado como Professor Assistente no Departamento de Informática e Engenharia no LNCT College, Jabalpur, MP, Índia, e como Bolseiro de Investigação PHD (faculdade de engenharia e tecnologia) na Universidade Nacional de Jodhpur, Jodhpur, Rajasthan. Concluiu o seu mestrado em tecnologia na Universidade KIIT, Bhubaneswar, Odisha, e a sua licenciatura em tecnologia na Universidade SRM, Chennai. Os seus interesses de investigação incluem a teoria dos grafos, a matemática discreta, a robótica, a computação em nuvem e o algoritmo. Trabalha também como revisor, membro do conselho editorial e técnico em muitas revistas e conferências nacionais e internacionais de renome. Publica regularmente artigos de investigação em revistas e conferências internacionais, incluindo IEEE e Springer, e supervisiona estudantes de pós-graduação nos seus trabalhos de investigação.

Prefácio

O texto está organizado em cinco capítulos. O Capítulo 1 apresenta o conceito básico de recuperação de imagens utilizando técnicas de extração de dados, tais como aplicação de imagens, extração e análise de imagens. O Capítulo 2 descreve o Sistema de Reorganização de Rosto com extração de imagem. O Capítulo 3 fornece a informação básica para analisar os dados da Web. O Capítulo 4 aborda a análise de dados da Web utilizando técnicas de extração de dados, com diferentes técnicas de análise de dados. O Capítulo 9 apresenta a melhoria do contraste da imagem no domínio espacial utilizando o método baseado na equalização do histograma com diferentes técnicas de extração de imagens.

Raghvendra Kumar gostaria de agradecer às pessoas mais importantes da sua vida, o seu avô Shri. Om Prakash Agrawal, a avó Sheela Agrawal, o pai B.P. Agrawal, a mãe Anita Agrawal e, finalmente, ao cunhado Anshu Agrawal e à irmã Neha Agrawal. Este livro foi o seu sonho de longa data que não se teria tornado realidade sem o apoio e o amor destas pessoas fantásticas. Estas pessoas encorajaram-no, apesar de ele ter falhado em orientá-las com tempo e atenção adequados.

Houve várias influências da nossa família e amigos que sacrificaram muito do seu tempo e atenção para garantir que nos mantivéssemos motivados para concluir este projeto crucial.

Raghvendra Kumar

A minha mãe **Smt. Anita Agrawal**

-Raghvendra

Caraterísticas principais

1. Tem por objetivo abordar questões básicas e fundamentais da
2. Cobertura de vastos domínios de aplicação e problemas
3. Inclui o número de problemas resolvidos, não resolvidos e de escolha
4. Amigável e conciso para os estudantes
5. Útil para estudantes de graduação, pós-graduação e investigadores

Capítulo 1

Recuperação de imagens utilizando técnicas de extração de dados

1. Introdução

1.1 Recuperação de imagens baseada em conteúdo

A interpretação visual do conteúdo da imagem para indexação e recuperação é efectuada utilizando a CBIR. Um sistema de recuperação de imagens é um sistema informático para organizar, procurar e recuperar imagens de uma grande base de dados de imagens médicas. Uma base de dados é uma coleção organizada de dados que está carateristicamente organizada de forma a modelar os aspectos da realidade que encadeiam os processos que requerem informação. Os métodos mais comuns de recuperação de imagens utilizam algum método para adicionar metadados, como legendas, descrições ou palavras-chave às imagens, de modo a que a recuperação possa ser efectuada com base nas palavras anotadas. Com o avanço das tecnologias multimédia e da Internet, uma enorme quantidade de dados multimédia sob a forma de imagens, áudio e vídeo tem sido utilizada em muitos domínios, como o tratamento médico, a investigação forense digital, o sistema de vigilância, os dados de satélite, os repositórios de vídeo e de imagens fixas. Os sistemas TBIR (Text Based Image Retrieval - recuperação de imagens com base em texto) são os sistemas de recuperação mais comuns, em que é possível a anotação manual ou automática da pesquisa de imagens. Um TBIR convencional procura na base de dados o texto semelhante que rodeia a imagem, tal como indicado na sequência de consulta. Mas as expressões de todo o conteúdo visual das imagens em palavras são complexas e, por conseguinte, podem acabar por produzir resultados irrelevantes de TBIR. Para encontrar uma forma alternativa de pesquisa e ultrapassar as limitações impostas pelos sistemas TBIR, foram desenvolvidos sistemas de recuperação de imagens baseados em conteúdos (CBIR).

Recentemente, foi produzido um grande número de imagens médicas digitais em centros de diagnóstico médico. São preparadas bases de dados de imagens abrangentes com várias imagens, incluindo MRI (ressonância magnética), raios X, CT (tomografia computorizada), US (ultra-sons), etc. Utilizando uma descrição do conteúdo da imagem, a recuperação poderosa das imagens desejadas é o aspeto mais importante da gestão de bases de dados de imagens. A CBIR refere-se à recuperação de imagens de uma base de dados utilizando informações diretamente derivadas do conteúdo das próprias imagens [1]. Neste caso, o conteúdo inclui cores, formas, texturas ou qualquer outra informação que possa ser obtida a partir da própria imagem. A recuperação de imagens com base no conteúdo (CBIR) utiliza caraterísticas da imagem, tais como caraterísticas de baixo nível e semânticas, para indexar as imagens com um envolvimento humano mínimo.

O conteúdo das caraterísticas das imagens é uma consulta poderosa e direta que pode ser utilizada para procurar outras imagens com conteúdo semelhante. CBIR ou Content Based Image Retrieval (recuperação de imagens com base no conteúdo) é a recuperação de imagens com base em caraterísticas visuais como a cor, a textura e a forma [2]. As razões para o seu desenvolvimento prendem-se com o facto de, em muitas grandes bases de dados de imagens, os métodos tradicionais de indexação de imagens se terem revelado insuficientes, trabalhosos e extremamente morosos. Estes métodos antigos de indexação de imagens, que vão desde o armazenamento de uma imagem na base de dados e a sua associação a uma palavra-chave ou a um número, até à sua associação a uma descrição categorizada, tornaram-se obsoletos. Isto não é CBIR. Na CBIR, cada imagem armazenada na base de dados tem as suas caraterísticas extraídas e comparadas com as caraterísticas da imagem consultada. Isso envolve duas etapas [3]:

Extração de caraterísticas: A primeira etapa do processo consiste em extrair as caraterísticas da imagem de uma forma distinguível.

Correspondência: O segundo passo envolve a correspondência destas caraterísticas para produzir um resultado visualmente semelhante.

A recuperação de imagens com base no conteúdo, uma técnica que utiliza conteúdos visuais para procurar imagens em bases de dados de imagens em grande escala de acordo com os interesses dos utilizadores, tem sido uma área de investigação ativa e em rápido crescimento desde a década de 1990. Durante a última década, foram feitos progressos notáveis tanto na investigação teórica como no desenvolvimento de sistemas. No entanto, continuam a existir muitos problemas de investigação difíceis que continuam a atrair investigadores de várias disciplinas.

Antes de introduzir a teoria fundamental da recuperação baseada em conteúdos, vamos fazer uma breve análise do seu desenvolvimento. Os primeiros trabalhos sobre recuperação de imagens remontam ao final da década de 1970. Em 1979, realizou-se em Florença uma conferência sobre técnicas de bases de dados para aplicações pictóricas [6]. Desde então, o potencial de aplicação das técnicas de gestão de bases de dados de imagens tem atraído a atenção dos investigadores. As primeiras técnicas não se baseavam geralmente em caraterísticas visuais mas na anotação textual das imagens. Por outras palavras, as imagens eram primeiro anotadas com texto e depois pesquisadas utilizando uma abordagem baseada em texto dos sistemas tradicionais de gestão de bases de dados. Em [14, 15] pode encontrar-se um levantamento exaustivo dos primeiros métodos de recuperação de imagens com base em texto. A recuperação de imagens com base em texto utiliza técnicas tradicionais de bases de dados para gerir imagens. Através de descrições de texto, as imagens podem ser organizadas por hierarquias tópicas ou semânticas para facilitar a navegação e a pesquisa com base em consultas booleanas normais. No entanto, uma vez que não é possível gerar automaticamente textos descritivos para um vasto espetro de imagens, a maioria dos sistemas de recuperação de imagens com base em texto exige a anotação manual das imagens. Obviamente, a anotação manual de imagens é uma tarefa complicada e dispendiosa para grandes bases de dados de imagens, sendo frequentemente subjectiva, sensível ao contexto e incompleta. Consequentemente, é difícil para os métodos tradicionais baseados em texto suportar uma variedade de consultas dependentes de tarefas.

No início da década de 1990, em resultado dos avanços na Internet e das novas tecnologias de sensores de imagem digital, o volume de imagens digitais produzidas por aplicações científicas, educativas, médicas, industriais e outras disponíveis para os utilizadores aumentou drasticamente. As dificuldades enfrentadas pela recuperação baseada em texto tornaram-se cada vez mais graves. A gestão eficiente da informação visual em rápida expansão tornou-se um problema urgente. Esta necessidade constituiu a força motriz do aparecimento de técnicas de recuperação de imagens baseadas em conteúdos. Em 1992, a National Science Foundation dos Estados Unidos organizou um workshop sobre sistemas de gestão de informação visual para identificar novas direcções nos sistemas de gestão de bases de dados de imagens. Foi amplamente reconhecido que uma forma mais eficiente e intuitiva de representar e indexar informação visual seria baseada em propriedades inerentes às próprias imagens. Os investigadores das comunidades de visão computacional, gestão de bases de dados, interface homem-computador e recuperação de informação foram atraídos para este domínio. Desde então, a investigação sobre a recuperação de imagens com base no conteúdo desenvolveu-se rapidamente. Desde 1997, o número de publicações de investigação sobre as técnicas de extração de informação visual, organização, indexação, consulta e interação do utilizador e gestão de bases de dados aumentou enormemente. Do mesmo modo, um grande número de sistemas de recuperação académicos e comerciais foi desenvolvido por universidades, organizações governamentais, empresas e hospitais.

A recuperação de imagens com base no conteúdo utiliza o conteúdo visual de uma imagem, como a cor, a forma, a textura e a disposição espacial, para representar e indexar a imagem. Nos sistemas típicos de recuperação de imagens com base no conteúdo, o conteúdo visual das imagens na base de dados é extraído e descrito por vectores de caraterísticas multidimensionais. Os vectores de caraterísticas das imagens na base de dados formam uma base de dados de caraterísticas. Para recuperar imagens, os utilizadores fornecem ao sistema de recuperação imagens de exemplo ou figuras esboçadas. O sistema transforma então esses exemplos na sua representação interna de vectores de caraterísticas. As semelhanças/distâncias entre os vectores de caraterísticas do exemplo ou esboço consultado e os das imagens na base de dados são então calculadas e a recuperação é efectuada com a ajuda de um esquema de indexação. O esquema de indexação proporciona uma forma eficiente de pesquisar a base de dados de imagens. Os sistemas de recuperação recentes incorporaram o feedback de relevância dos utilizadores para modificar o processo de recuperação, a fim de gerar resultados de recuperação perceptualmente e semanticamente mais significativos. Neste capítulo, apresentamos estas técnicas fundamentais para a recuperação de imagens com base no conteúdo.

1.1.1 Descritores de conteúdo de imagem

De um modo geral, o conteúdo da imagem pode incluir tanto conteúdo visual como semântico. O conteúdo visual pode ser muito geral ou específico de um domínio. Os conteúdos visuais gerais incluem a cor, a textura, a forma, a relação espacial, etc. Os conteúdos visuais específicos de um domínio, como rostos humanos, dependem da aplicação e podem envolver conhecimentos do domínio. O conteúdo semântico é obtido quer por anotação textual quer por procedimentos de inferência complexos baseados no conteúdo visual. Este capítulo concentra-se nas descrições de conteúdos visuais gerais. Os capítulos seguintes abordam os conteúdos semânticos e específicos do domínio.

Um bom descritor de conteúdo visual deve ser invariante em relação à variação acidental introduzida pelo processo de obtenção de imagens (por exemplo, a variação do iluminante da cena). No entanto, existe um compromisso entre a invariância e o poder de discriminação das caraterísticas visuais, uma vez que uma classe muito ampla de invariância perde a capacidade de discriminar entre diferenças essenciais. A descrição invariante tem sido amplamente investigada na visão computacional (como o reconhecimento de objectos), mas é relativamente nova na recuperação de imagens.

Um descritor de conteúdo visual pode ser global ou local. Um descritor global utiliza as caraterísticas visuais de toda a imagem, enquanto um descritor local utiliza as caraterísticas visuais de regiões ou objectos para descrever o conteúdo da imagem. Para obter os descritores visuais locais, uma imagem é frequentemente dividida em partes. A forma mais simples de dividir uma imagem é utilizar uma partição, que corta a imagem em mosaicos de igual tamanho e forma. Uma partição simples não gera regiões perceptualmente significativas, mas é uma forma de representar as caraterísticas globais da imagem numa resolução mais fina. Um método melhor consiste em dividir a imagem em regiões homogéneas de acordo com um determinado critério, utilizando algoritmos de segmentação de regiões que têm sido amplamente investigados na visão por computador. Uma forma mais complexa de dividir uma imagem é efetuar uma segmentação de objectos completa para obter objectos semanticamente significativos (como bola, carro, cavalo). Atualmente, é pouco provável que a segmentação automática de objectos para domínios amplos de imagens gerais seja bem sucedida.

Nesta secção, apresentaremos algumas técnicas amplamente utilizadas para extrair cor, textura, forma e relação espacial das imagens.

1.2 Extração de caraterísticas

A extração de caraterísticas (conteúdo) é a base da recuperação de imagens com base no conteúdo. Num sentido lato, as caraterísticas podem incluir caraterísticas baseadas em texto (palavras-chave, anotações) e caraterísticas visuais (cor, textura, forma, faces). No entanto, uma vez que já existe uma vasta literatura sobre extração de caraterísticas baseadas em texto nas comunidades de investigação sobre SGBD e recuperação de informação, limitar-nos-emos às técnicas de extração de caraterísticas visuais. No âmbito da extração de caraterísticas visuais, as caraterísticas podem ainda ser classificadas como caraterísticas gerais e caraterísticas específicas do domínio. As primeiras incluem caraterísticas de cor, textura e forma, enquanto as segundas dependem da aplicação e podem incluir, por exemplo, rostos humanos e impressões digitais. As caraterísticas específicas do domínio são mais bem tratadas na literatura sobre reconhecimento de padrões e podem envolver

1.3 Tipos de recuperação

a.) Recuperação por valores de atributos

A recuperação por valores de atributos é semelhante à recuperação num sistema de base de dados convencional. A consulta é formulada utilizando atributos lógicos, meta e semânticos. O utilizador utilizou listas de relações adequadas e atributos predefinidos.

b.) Recuperação por semelhança de cores

Para recuperar uma imagem através desta abordagem: selecionar o modelo a partir de imagens predefinidas e consultar as imagens com uma distribuição de cores semelhante.

Ao utilizar partes de imagens armazenadas na base de dados, pode criar um modelo próprio e/ou utilizar ferramentas de desenho. Pode ser utilizado um seletor de cores para indicar, a partir de uma paleta de sombras, a taxa das tonalidades (cores) pretendidas no resultado

c.) Recuperação por semelhança de formas

Para especificar uma imagem, tendo objectos de imagem com a forma mais desejada, o utilizador pode desenhar uma vista de perto da forma do artigo de imagem de amostra e utilizar a forma de qualquer imagem da consulta.

d.) Recuperação por semelhança de textura

Para indicar uma imagem ou um objeto de imagem com uma composição de textura desejada, o cliente pode utilizar modelos de textura da base de dados de predefinições, criar o seu próprio formato particular, criando-o a partir de imagens predefinidas ou compor e criar o seu modelo a partir de imagens predefinidas.

e.) Recuperação por semelhança de exemplos pictóricos

Para recuperar as imagens através desta abordagem, o utilizador pode especificar uma imagem da base de dados de imagens e criar o seu próprio esquema.

f.) Recuperação por condicionalismos espaciais

A recuperação por requisitos espaciais incentiva uma classe de inquéritos (consultas) que têm em conta a recuperação do curso de ação 2-D dos artigos (objeto) na imagem. As questões surgem devido à tomada de símbolos (aceitando que existe um símbolo predefinido para cada tipo de imagem protestada na área de aplicação) ou formas caracterizadas pelo cliente num plano. Também existem alguns dispositivos que são utilizados para transformar os símbolos e escalar as formas. O subconjunto de dados resultante consiste nas imagens que contêm itens organizados de forma semelhante à rota indicada na pergunta ou como a forma predefinida nas consultas.

g.) Navegação

As imagens em miniatura (64 por 64 pixéis) são utilizadas para este processo.

1.3.1 Cor

A caraterística da cor é uma das caraterísticas visuais mais utilizadas na recuperação de imagens. É relativamente resistente às complicações do fundo e independente do tamanho e da orientação da imagem. Podem ser encontrados alguns estudos representativos da perceção da cor e dos espaços de cor.

Na recuperação de imagens, o histograma de cores é a representação de caraterísticas de cor mais comummente utilizada. Estatisticamente, denota a probabilidade conjunta das intensidades dos três canais de cor. Swain e Ballard propuseram a intersecção de histogramas, uma métrica L1, como medida de semelhança para o histograma de cores. Para ter em conta as semelhanças entre cores semelhantes mas não idênticas, Ioka e Niblack et al. introduziram uma métrica relacionada com L2 na comparação dos histogramas. Além disso, considerando que a maioria dos histogramas de cores são muito esparsos e, portanto, sensíveis ao ruído, Stricker e Orengo propuseram a utilização do histograma de cores acumulado. Os resultados da sua investigação demonstraram as vantagens da abordagem proposta em relação à abordagem convencional do histograma de cores.

Para além do histograma de cor, várias outras representações de caraterísticas de cor têm sido aplicadas na recuperação de imagens, incluindo momentos de cor e conjuntos de cores. Para ultrapassar os efeitos de quantização, como no histograma de cores, Stricker e Orengo propuseram a utilização da abordagem dos momentos de cor. A base matemática desta abordagem é que qualquer distribuição de cores pode ser caracterizada pelos seus momentos. Além disso, uma vez que a maior parte da informação está concentrada nos momentos de baixa ordem, apenas o primeiro momento (média) e o segundo e terceiro momentos centrais (variância e assimetria) foram extraídos como representação das caraterísticas da cor. A distância euclidiana ponderada foi utilizada para calcular a semelhança de cores.

Para facilitar a pesquisa rápida em colecções de imagens em grande escala, Smith e Chang propuseram conjuntos de cores como uma aproximação ao histograma de cores. Começaram por transformar o espaço de cores (R, G, B) num espaço perceptualmente uniforme, como o HSV, e depois quantizaram o espaço de cores transformado em M caixas. Um conjunto de cores é definido como uma seleção de cores do espaço de cores quantizado. Como os vectores de caraterísticas do conjunto de cores eram binários, foi construída uma árvore de pesquisa binária para permitir uma pesquisa rápida. A relação entre os conjuntos de cores propostos e o histograma de cores convencional foi ainda discutida.

A extração de imagens apresenta caraterísticas especiais devido à riqueza de dados que uma imagem pode apresentar. A avaliação eficaz dos resultados da extração de imagens por conteúdo exige que o ponto de vista do utilizador seja utilizado nos parâmetros de desempenho. Aura Conci et.al, [2] propuseram um quadro de avaliação para comparar a influência da função de distância na extração de imagens por cor. Para ilustrar o esquema proposto, foram efectuadas experiências com a extração de semelhanças de cor por quantização no espaço de cor e medidas de semelhança entre uma amostra e os resultados da imagem. Lukasz Kobyli'nski e Krzysztof Walczak [9] propuseram um método simples, mas rápido e eficaz, de indexação de bases de dados Meta de imagens. O índice é criado descrevendo as imagens de acordo com as suas caraterísticas de cor, com vectores de caraterísticas compactos, que representam distribuições de cores típicas. O Binary Thresholded Histogram (BTH), um método de descrição de caraterísticas de cor, foi proposto para a criação de um índice de metabase de dados de múltiplas bases de dados de imagens. O BTH, apesar de ser uma representação muito grosseira e compacta das cores das imagens, provou ser um método adequado para descrever as caraterísticas das bases de dados de imagens e criar um índice de meta base de dados para consulta de grandes quantidades de dados.

A cor é o conteúdo visual mais utilizado na recuperação de imagens. Os seus valores tridimensionais tornam a sua potencialidade de discriminação superior ao valor unidimensional das imagens. Antes de selecionar uma descrição de cor adequada, é necessário determinar primeiro o espaço de cor.

1.3.1.1 Espaço de cor

Cada pixel da imagem pode ser representado como um ponto num espaço de cor 3D. Os espaços de cor habitualmente utilizados para a recuperação de imagens incluem o RGB, Munsell, CIE L*a*b*, CIE L*u*v*, HSV (ou HSL, HSB) e o espaço de cor opponent. Não existe consenso sobre qual é o melhor. No entanto, uma das caraterísticas desejáveis de um espaço de cor adequado para a recuperação de imagens é a sua uniformidade.

Uniformidade significa que dois pares de cores que são iguais em distância de semelhança num espaço de cor são percebidos como iguais pelos espectadores. Por outras palavras, a proximidade medida entre as cores deve estar diretamente relacionada com a semelhança psicológica entre elas. O espaço RGB é um espaço de cor muito utilizado para a visualização de imagens. É composto por três componentes de cor: vermelho, verde e azul. Estas componentes são designadas por "primárias aditivas", uma vez que uma cor no espaço RGB é produzida pela adição das mesmas. Em contraste, o espaço CMY é um espaço de cor utilizado principalmente para impressão. Os três componentes de cor são o ciano, o magenta e o amarelo. Estes três componentes são chamados "primárias subtractivas", uma vez que uma cor no espaço CMY é produzida através da absorção de luz. Tanto o espaço RGB como o espaço CMY são dependentes do dispositivo e perceptualmente não uniformes.

Os espaços CIE L*a*b* e CIE L*u*v* são independentes do dispositivo e considerados perceptualmente uniformes. São constituídos por um componente de luminância ou claridade (L) e dois componentes cromáticos a e b ou u e v. O CIE L*a*b* foi concebido para lidar com misturas subtractivas de corantes, enquanto o CIE L*u*v* foi concebido para lidar com misturas aditivas de corantes. A transformação do espaço RGB para o espaço CIE L*u*v* ou CIE L*a*b* pode ser encontrada em [47].

O espaço HSV (ou HSL, ou HSB) é amplamente utilizado em computação gráfica e é uma forma mais intuitiva de descrever a cor. Os três componentes da cor são a tonalidade, a saturação (luminosidade) e o valor (brilho). A tonalidade é invariável às alterações da iluminação e da direção da câmara e, por isso, mais adequada à recuperação de objectos. As coordenadas RGB podem ser facilmente traduzidas para as coordenadas HSV (ou HLS, ou HSB) através de uma fórmula simples.

O espaço de cor do oponente utiliza os eixos de cor do oponente (R-G, 2B-R-G, R+G+B). Esta representação tem a vantagem de isolar a informação de luminosidade no terceiro eixo. Com esta solução, os dois primeiros eixos de cromaticidade, que são invariantes às alterações da intensidade da iluminação e das sombras, podem ser reduzidos, uma vez que os seres humanos são mais sensíveis ao brilho do que à informação cromática. Nas secções seguintes, apresentamos alguns descritores de cor normalmente utilizados: o histograma de cor, o vetor de coerência de cor, o correlograma de cor e os momentos de cor.

1.3.1.2 Momentos de cor

Os momentos de cor têm sido utilizados com sucesso em muitos sistemas de recuperação (como o QBIC), especialmente quando a imagem contém apenas o objeto. Os momentos de cor de primeira ordem (média), de segunda ordem (variância) e de terceira ordem (assimetria) provaram ser eficientes e eficazes na representação das distribuições de cor das imagens. Matematicamente, os três primeiros momentos são definidos como: Onde fij é o valor do i-ésimo componente de cor do pixel j da imagem, e N é o número de pixels na imagem.

Normalmente, o momento de cor tem um melhor desempenho se for definido pelos espaços de cor L*u*v* e L*a*b* em vez de apenas pelo espaço HSV. A utilização do momento adicional de terceira ordem melhora o desempenho global da recuperação em comparação com a utilização apenas dos momentos de primeira e segunda ordem. No entanto, este momento de terceira ordem torna por vezes a representação das caraterísticas mais sensível às mudanças de cenário, podendo assim diminuir o desempenho. Uma vez que apenas são utilizados 9 números (três momentos para cada um dos três componentes de cor) para representar o conteúdo de cor de cada imagem, os momentos de cor são uma representação muito compacta em comparação com outras caraterísticas de cor. Devido a esta compacidade, pode também diminuir o poder de discriminação. Normalmente, os momentos de cor podem ser utilizados como primeira passagem para restringir o espaço de pesquisa antes de serem utilizadas outras caraterísticas de cor sofisticadas para a recuperação.

1.3.1.3 Histograma de cores

O histograma de cor serve como uma representação eficaz do conteúdo de cor de uma imagem se o padrão de cor for único em comparação com o resto do conjunto de dados. O histograma de cores é fácil de calcular e eficaz na caraterização da distribuição global e local das cores numa imagem. Além disso, é resistente à translação e à rotação em torno do eixo de visualização e altera-se apenas lentamente com a escala, a oclusão e o ângulo de visualização. Uma vez que qualquer pixel na imagem pode ser descrito por três componentes num determinado espaço de cor (por exemplo, componentes vermelho, verde e azul no espaço RGB, ou matiz, saturação e valor no espaço HSV), pode ser definido um histograma, ou seja, a distribuição do número de pixéis para cada compartimento quantizado, para cada componente. Claramente, quanto mais compartimentos um histograma de cores contiver, maior será o seu poder de discriminação. No entanto, um histograma com um grande número de compartimentos não só aumentará o custo computacional, como também será inadequado para a criação de índices eficientes para bases de dados de imagens.

Para além disso, uma quantização muito fina dos compartimentos não melhora necessariamente o desempenho da recuperação em muitas aplicações. Uma forma de reduzir o número de compartimentos é utilizar o espaço de cor do adversário, que permite reduzir a amostragem do brilho do histograma. Outra forma é utilizar métodos de agrupamento para determinar as K melhores cores num determinado espaço para um determinado conjunto de imagens. Cada uma destas melhores cores será considerada como um compartimento do histograma. Uma vez que esse processo de agrupamento tem em consideração a distribuição de cores das imagens ao longo de toda a base de dados, a probabilidade de existirem caixas de histograma nas quais não caiam pixels ou caiam muito poucos pixels será minimizada. Outra opção é utilizar as caixas com os maiores números de píxeis, uma vez que um pequeno número de caixas de histograma capta a maioria dos píxeis de uma imagem. Esta redução não prejudica o desempenho da correspondência de histogramas, podendo mesmo melhorá-lo, uma vez que as caixas de histograma pequenas são susceptíveis de apresentar ruído.

Quando uma base de dados de imagens contém um grande número de imagens, a comparação de histogramas saturará a discriminação. Para resolver este problema, é introduzida a técnica do histograma conjunto. Além disso, o histograma de cor não tem em consideração a informação espacial dos pixéis, pelo que imagens muito diferentes podem ter distribuições de cor semelhantes. Este problema torna-se especialmente grave em bases de dados de grande escala. Para aumentar o poder de discriminação, foram propostas várias melhorias para incorporar a informação espacial. Uma abordagem simples consiste em dividir uma imagem em sub-áreas e calcular um histograma para cada uma dessas sub-áreas. Como já foi referido, a divisão pode ser tão simples como uma partição retangular, ou tão complexa como uma região ou mesmo uma segmentação de objectos. Aumentar o número de subáreas aumenta a informação sobre a localização, mas também aumenta a memória e o tempo de computação.

1.3.1.4 Vetor de coerência de cores

Foi proposta uma forma diferente de incorporar informação espacial no histograma de cores, os vectores de coerência de cores (CCV). Cada quadrícula do histograma é dividida em dois tipos, ou seja, coerente, se pertencer a uma grande região de cor uniforme, ou incoerente, se não pertencer. Seja ai o número de pixéis coerentes no i-ésimo compartimento de cor e ßi o número de pixéis incoerentes numa imagem. O CCV da imagem é então definido como o vetor. Note-se que é o histograma de cores da imagem.

Devido à sua informação espacial adicional, foi demonstrado que o CCV fornece melhores resultados de recuperação do que o histograma de cores, especialmente para as imagens que têm maioritariamente cores uniformes ou maioritariamente regiões de textura. Além disso, tanto para o histograma de cores como para a representação do vetor de coerência de cores, o espaço de cores

HSV fornece melhores resultados do que os espaços CIE L*u*v* e CIE L*a*b*.

1.3.1.5 Correlograma de cores

O correlograma de cores foi proposto para caraterizar não só as distribuições de cores dos pixéis, mas também a correlação espacial de pares de cores. A primeira e a segunda dimensão do histograma tridimensional são as cores de qualquer par de pixéis e a terceira dimensão é a sua distância espacial. Um correlograma de cores é uma tabela indexada por pares de cores, em que a k-ésima entrada para (i, j) especifica a probabilidade de encontrar um pixel de cor j a uma distância k de um pixel de cor i na imagem. Seja I o conjunto completo de pixéis da imagem e Ic(i) o conjunto de pixéis cujas cores são c(i). Então, o correlograma de cores é definido como: Onde i, j G {1, 2... N}, kG {1, 2... d}, e | p1 - p2 | é a distância entre os pixéis p1 e p2. Se considerarmos todas as combinações possíveis de pares de cores, a dimensão do correlograma de cores será muito grande (O(N2 d)), pelo que é frequentemente utilizada uma versão simplificada da caraterística denominada autocorrelograma de cores. O autocorrelograma de cores apenas capta a correlação espacial entre cores idênticas, reduzindo assim a dimensão para O(Nd). Em comparação com o histograma de cores e o CCV, o autocorrelograma de cores fornece os melhores resultados de recuperação, mas é também o mais dispendioso do ponto de vista computacional devido à sua elevada dimensionalidade.

1.3.1.6 Caraterísticas de cor invariantes

A cor não só reflecte o material da superfície, como também varia consideravelmente com a mudança de iluminação, a orientação da superfície e a geometria de visualização da câmara. Esta variabilidade deve ser tida em conta. No entanto, a invariância em relação a estes factores ambientais não é considerada na maior parte das caraterísticas da cor apresentadas acima.

A representação invariante da cor foi recentemente introduzida na recuperação de imagens com base no conteúdo. Um conjunto de invariantes de cor para a recuperação de objectos foi derivado com base no modelo Schafer de reflexão de objectos. Na reflexão especular, é fornecida uma representação invariante da forma e da iluminação baseada no vetor da relação azul (r/b, g/b, 1). Numa superfície, é fornecida uma caraterística de cor invariante da geometria.

Estas caraterísticas de cor invariantes, quando aplicadas à recuperação de imagens, podem produzir uma representação do conteúdo de cor das imagens independente da iluminação, da geometria da cena e da geometria de visualização, mas podem também levar a alguma perda no poder de discriminação entre imagens.

1.3.2 Textura

A imagem depende da perceção humana e também se baseia no sistema de visão artificial. A recuperação de imagens baseia-se no histograma de cores e na textura. A perceção do sistema humano de imagem baseia-se nos neurónios humanos que contêm 1012 informações; o cérebro humano aprende continuamente com os órgãos sensoriais, como os olhos, que transmitem a imagem ao cérebro, que interpreta a imagem. Rajshree S. Dubey et.al, [12] examina as técnicas de extração de imagens com tecnologia de ponta que se baseiam no histograma de cores e na textura da imagem. A imagem de consulta é recolhida e, em seguida, o histograma de cores e a textura são recolhidos e, com base nisso, a imagem resultante é emitida. Janani. M e o Dr. Manicka Chezian. R [7] discutem a extração de imagens como uma técnica vital que é utilizada para extrair conhecimentos da imagem. O desenvolvimento da técnica de extração de imagens baseia-se no sistema de recuperação de imagens com base no conteúdo. A cor, a textura, o padrão, a forma dos objectos e a sua disposição e localização na imagem, etc., constituem a base do conteúdo visual da imagem e são indexados.

A textura refere-se aos padrões visuais que têm propriedades de homogeneidade que não resultam da presença de uma única cor ou intensidade. É uma propriedade inata de praticamente todas as superfícies, incluindo nuvens, árvores, tijolos, cabelos e tecidos. Contém informações importantes sobre a disposição estrutural das superfícies e a sua relação com o ambiente circundante [59]. Devido à sua importância e utilidade no reconhecimento de padrões e na visão computacional, existem resultados de investigação ricos nas últimas três décadas. Atualmente, está também a ser utilizada na recuperação de imagens. Estão a ser acrescentados cada vez mais resultados de investigação.

No início da década de 1970, Haralick et al. propuseram a representação de caraterísticas de textura através da matriz de coocorrência. Esta abordagem explorou a dependência espacial da textura ao nível dos cinzentos.

Começou por construir uma matriz de coocorrência com base na orientação e na distância entre os pixéis da imagem e, em seguida, extraiu estatísticas significativas da matriz como representação da textura. Muitos outros investigadores seguiram a mesma linha e propuseram versões melhoradas. Por exemplo, Gotlieb e Kreyszig estudaram as estatísticas originalmente propostas em e descobriram experimentalmente que o contraste, o momento de deferência inverso e a entropia tinham o maior poder discriminatório.

Motivados pelos estudos psicológicos sobre a perceção visual humana da textura, Tamura et al. exploraram a representação da textura de um ângulo diferente. Desenvolveram aproximações computacionais para as propriedades da textura visual consideradas importantes em estudos psicológicos. As seis propriedades da textura visual eram a aspereza, o contraste, a direccionalidade, a semelhança de linhas, a regularidade e a rugosidade. Uma distinção importante entre a representação da textura de Tamura e a representação da matriz de coocorrência é o facto de todas as propriedades da textura na representação de Tamura serem visualmente significativas, enquanto algumas das propriedades da textura utilizadas na representação da matriz de coocorrência podem não o ser (por exemplo, a entropia). Esta caraterística torna a representação de textura de Tamura muito atractiva na recuperação de imagens, uma vez que pode proporcionar uma interface mais fácil de utilizar. O sistema QBIC e o sistema MARS melhoraram ainda mais esta representação de textura.

No início dos anos 90, após a introdução da transformada wavelet e o estabelecimento do seu quadro teórico, muitos investigadores começaram a estudar a utilização da transformada wavelet na textura. Smith e Chang utilizaram as estatísticas (média e variância) extraídas das sub-bandas wavelet como representação da textura. Esta abordagem obteve uma precisão superior a 90% nas 112 imagens de textura Brodatz. Para explorar as caraterísticas da banda média, Chang e Kuoin[31] utilizaram uma transformada wavelet estruturada em árvore para melhorar ainda mais a precisão da classificação. A transformada wavelet foi também combinada com outras técnicas para obter um melhor desempenho. Grossetal utilizou a transformada wavelet, juntamente com a expansão KL e os mapas de Kohonen, para efetuar a análise da textura. Thyagarajan et al. e Kundu et al. combinaram a transformada wavelet com uma matriz de coocorrência para tirar partido das análises de textura baseadas em estatísticas e em transformadas.

Houve também alguns artigos de revisão nesta área. Um dos primeiros artigos de revisão, de Weszka et al., comparou o desempenho da classificação de texturas do espetro de potência de Fourier, das estatísticas de segunda ordem dos níveis de cinzento (matriz de coocorrência) e das estatísticas de primeira ordem das diferenças de níveis de cinzento. Testaram os três métodos em dois conjuntos de amostras de terreno e concluíram que o método de Fourier tinha um desempenho fraco, enquanto os outros dois eram comparáveis. Em, Ohanian e Dubes compararam e avaliaram quatro tipos de representações de textura, nomeadamente a representação de campos aleatórios de Markov, a representação de filtragem multicanal, a representação baseada em fractais e a representação de coocorrência. Testaram as quatro representações de textura em quatro conjuntos de testes, sendo dois sintéticos (campo aleatório Markov fractal e Gaussiano) e dois naturais (superfícies de couro e pintadas). Concluíram que a representação da matriz de coocorrência teve o melhor desempenho nos seus conjuntos de teste. Num artigo mais recente, Ma e Manjunath avaliaram a anotação de imagens de textura através de várias representações de transformadas wavelet, incluindo transformadas wavelet ortogonais e bi-ortogonais, a transformada wavelet estruturada em árvore e a transformada wavelet de Gabor. Concluíram que a transformada de Gabor era a melhor entre as candidatas testadas, o que correspondia aos resultados do estudo da visão humana.

A textura refere-se aos padrões visuais que possuem propriedades de homogeneidade que não resultam da presença de uma única cor ou intensidade. É uma propriedade inata de praticamente todas as superfícies, incluindo nuvens, árvores, tijolos, cabelos e tecidos. Contém informações importantes sobre a disposição estrutural das superfícies e a sua relação com o ambiente circundante. Devido à sua importância e utilidade no reconhecimento de padrões e na visão por computador, os resultados da investigação nas últimas três décadas são abundantes. Atualmente, está a ser introduzida na recuperação de imagens. Estão a ser acrescentados cada vez mais resultados de investigação

A textura é outra propriedade importante das imagens. Foram investigadas várias representações de textura no domínio do reconhecimento de padrões e da visão por computador. Basicamente, os métodos de representação de texturas podem ser classificados em duas categorias: estruturais e estatísticos. Os métodos estruturais, incluindo o operador morfológico e o gráfico de adjacência, descrevem a textura através da identificação de primitivas estruturais e das suas regras de colocação. Tendem a ser mais eficazes quando aplicados a texturas que são muito regulares. Os métodos estatísticos, incluindo os espectros de potência de Fourier, as matrizes de coocorrência, a análise de componentes principais shift-invariant (SPCA), a caraterística de Tamura, a decomposição de Wold, o campo aleatório de Markov, o modelo fractal e as técnicas de filtragem multi-resolução, como as transformadas de Gabor e wavelet, caracterizam a textura pela distribuição estatística da intensidade da imagem. Nesta secção, apresentamos uma série de representações de textura, que têm sido utilizadas frequentemente e que provaram ser eficazes na recuperação de imagens com base no conteúdo. Há muito conhecimento do domínio que não teremos espaço suficiente para cobrir neste documento. Por conseguinte, o resto da secção concentrar-se-á nas caraterísticas gerais que podem ser utilizadas na maioria das aplicações.

Devido à subjetividade da perceção, não existe uma única melhor apresentação para uma dada caraterística. Como veremos em breve, para uma dada caraterística existem múltiplas representações que a caracterizam de diferentes perspectivas.

1.3.3 **Forma**

Na recuperação de imagens, dependendo das aplicações, algumas exigem que a representação da forma seja invariante à translação, rotação e escala, enquanto outras não. Obviamente, se uma representação satisfizer o primeiro requisito, também satisfará o segundo. Por conseguinte, no que se segue, concentrar-nos-emos nas representações de formas que são invariantes à transformação. Em geral, as representações de formas podem ser divididas em duas categorias: baseadas em limites e baseadas em regiões. A primeira utiliza apenas o limite exterior da forma, enquanto a segunda utiliza toda a região da forma. Os representantes mais bem sucedidos destas duas categorias são o descritor de Fourier e os invariantes de momento.

A ideia principal de um descritor de Fourier é utilizar a fronteira transformada de Fourier como caraterística da forma. Alguns dos primeiros trabalhos podem ser encontrados em. Para ter em conta o ruído de digitalização no domínio da imagem, Rui et al. propuseram um descritor de Fourier modificado que é simultaneamente robusto ao ruído e invariante às transformações geométricas.

A ideia principal dos invariantes de momento é utilizar momentos baseados na região que são invariantes às transformações, como caraterística da forma. Hu identificou sete desses momentos. Com base no seu trabalho, surgiram muitas versões melhoradas. Em, com base na versão discreta do teorema de Green, Yang e Albregtsen propuseram um método rápido de cálculo de momentos em imagens binárias. Motivados pelo facto de os invariantes mais úteis terem sido encontrados através de uma vasta experiência e de tentativa e erro,

Kapur et al. desenvolveram algoritmos para gerar e procurar sistematicamente os invariantes de uma dada geometria. Apercebendo-se de que a maioria dos investigadores não considerava o que acontecia aos invariantes após a digitalização da imagem, Gross e Latecki desenvolveram uma abordagem que preservava a geometria diferencial qualitativa do limite do objeto, mesmo após a digitalização de uma imagem. Em, é proposta uma estrutura de curvas algébricas e invariantes para representar objectos complexos numa cena desordenada por partes ou manchas. O ajuste polinomial é feito para representar a informação geométrica local, a partir da qual os invariantes geométricos são utilizados na correspondência e reconhecimento de objectos.

Peter Stanchev propôs um novo método para a recuperação de imagens utilizando caraterísticas semânticas de alto nível. Baseia-se na extração de caraterísticas de cor, forma e textura de baixo nível e na sua conversão em caraterísticas semânticas de alto nível utilizando regras de produção difusa, derivadas com a ajuda de uma técnica de extração de imagens. A teoria da evidência de Dempster-Shafer é aplicada para obter uma lista de estruturas que contêm informações para as caraterísticas semânticas de alto nível da imagem. A teoria de Johannes Itten é adoptada para a aquisição de caraterísticas de cor de alto nível. Harini. D. N. D e Dr. Lalitha Bhaskari. D [5] discutem a recuperação de imagens, que é uma fase importante da extração de imagens, e é uma técnica que ajuda os utilizadores a recuperar os dados da base de dados disponível. O desafio fundamental na extração de imagens é descobrir como a representação de pixéis de baixo nível contida numa imagem em bruto ou numa sequência de imagens pode ser processada para reconhecer objectos e relações de imagem de alto nível.

1.3.4 **Esquema de cores**

Embora a caraterística de cor global seja simples de calcular e possa proporcionar um poder de discriminação razoável na recuperação de imagens, tende a dar demasiados falsos positivos quando a coleção de imagens é grande. Muitos resultados de investigação sugerem que a utilização da disposição da cor (tanto a caraterística da cor como as relações espaciais) é uma melhor solução para a recuperação de imagens. Para alargar a caraterística de cor global a uma caraterística local, uma abordagem natural consiste em dividir a imagem inteira em sub-blocos e extrair caraterísticas de cor de cada um dos sub-blocos. Uma variação desta abordagem é a abordagem da disposição da cor baseada em quadri-árvore, em que a imagem inteira foi dividida numa estrutura quadri-árvore e cada ramo da árvore teve o seu próprio histograma para descrever o seu conteúdo de cor. Embora concetualmente simples, esta abordagem regular baseada em sub-blocos não pode fornecer informações precisas sobre a cor local e é dispendiosa em termos de computação e armazenamento. Uma abordagem mais sofisticada consiste em segmentar a imagem em regiões com caraterísticas de cor salientes através da retroprojeção do conjunto de cores e, em seguida, armazenar a posição e a caraterística do conjunto de cores de cada região para apoiar consultas posteriores. A vantagem desta abordagem é a sua precisão, enquanto a desvantagem é o problema geral difícil da segmentação fiável da imagem. Para conseguir um bom compromisso entre as duas abordagens acima referidas, foram propostas várias outras representações de esquemas de cores. Rickman e Stonham propuseram uma abordagem de histograma de tuplas de cores. Começaram por construir um livro de códigos que descrevia todas as combinações possíveis de matizes de cores grosseiramente quantizadas que poderiam ser encontradas em regiões locais de uma imagem. Em seguida, foi construído um histograma baseado em matizes quantizados como caraterística de cor local. Stricker e Dimai extraíram os três primeiros momentos de cor de cinco regiões difusas predefinidas e parcialmente sobrepostas. A utilização da região sobreposta tornou a sua abordagem relativamente insensível a transformações de pequenas regiões. Pass et al. classificaram cada pixel de uma determinada cor como coerente ou incoerente, com base no facto de fazer ou não parte de uma grande região de cor semelhante. Ao utilizar esta abordagem, os pixéis muito dispersos foram distinguidos dos pixéis agrupados, melhorando assim a representação das caraterísticas locais da cor. Em Huang et al. propuseram uma representação da disposição das cores baseada num correlograma de cores. Começaram por construir uma matriz de coocorrência de cores e, em seguida, utilizaram o autocorrelograma e o correlograma como medidas de semelhança. Os seus resultados experimentais mostraram que esta abordagem era mais robusta do que a abordagem convencional do histograma de cores em termos de precisão de recuperação. Na mesma linha da caraterística de disposição da cor, a disposição da textura e outras caraterísticas visuais também podem ser construídas para facilitar a recuperação de imagens mais avançada.

1.3.5 **Segmentação**

A segmentação é muito importante para a recuperação de imagens. Tanto a caraterística de forma como a caraterística de disposição dependem de uma boa segmentação. Nesta subsecção, descrevemos algumas técnicas de segmentação existentes utilizadas na visão computacional e na recuperação de imagens. Lybanon et al. investigaram uma abordagem de operação morfológica (abertura e fecho) na segmentação de imagens. Testaram a sua abordagem em vários tipos de imagens, incluindo imagens astronómicas ópticas, imagens oceânicas de infravermelhos e magnetogramas. Embora esta abordagem tenha sido eficaz para lidar com os tipos de imagens científicas acima referidos, o seu desempenho precisa de ser mais bem avaliado para imagens de cenas naturais mais complexas. Hansen e Higgins exploraram os pontos fortes individuais da análise de bacias hidrográficas e da rotulagem por relaxamento. Uma vez que existe um algoritmo rápido para o método da bacia hidrográfica, começaram por utilizar a bacia hidrográfica para subdividir uma imagem em bacias hidrográficas. Em seguida, utilizaram a etiquetagem por relaxação para aperfeiçoar e atualizar a classificação das bacias hidrográficas inicialmente obtidas a partir da bacia hidrográfica, tirando partido da robustez da etiquetagem por relaxação ao ruído. Li et al. propuseram uma abordagem de segmentação baseada na entropia difusa. Esta abordagem baseia-se no facto de os máximos locais de entropia corresponderem às incertezas entre várias regiões da imagem. Esta abordagem foi muito eficaz para imagens cujos histogramas não têm picos e vales claros. Podem ser encontradas outras técnicas de segmentação baseadas na triangulação de Delaunay, em fractais e no fluxo de arestas. Todos os algoritmos acima mencionados são automáticos. Uma das principais vantagens deste tipo de algoritmos de segmentação é o facto de poderem extrair limites de um grande número de imagens sem ocupar tempo e esforço humanos. No entanto, num domínio sem restrições, para imagens não pré-condicionadas, a segmentação automática nem sempre é fiável. Neste caso, o que um algoritmo pode segmentar são apenas regiões, mas não objectos. Para obter objectos de alto nível, o que é desejável na recuperação de imagens, é necessária a ajuda humana.

Samadani e Han propuseram uma abordagem de extração de limites assistida por computador, que combinava os dados manuais do utilizador com os limites da imagem gerados pelo computador. Daneelsetal. Desenvolveram um método melhorado de contornos activos. Com base nos dados introduzidos pelo utilizador, o algoritmo começou por utilizar um procedimento guloso para obter uma convergência inicial rápida. Em segundo lugar, o contorno foi refinado através de programação dinâmica. Rui et al. propuseram um algoritmo de segmentação baseado em clustering e agrupamento no espaço espaço-cor-textura. O utilizador define onde se encontra o atrator (objeto de interesse) e o algoritmo agrupa as regiões em objectos com significado. Um último comentário que vale a pena mencionar na segmentação é que os requisitos de precisão da segmentação são bastante diferentes para caraterísticas de forma e caraterísticas de disposição. Para as primeiras, é altamente desejável uma segmentação exacta, ao passo que, para as segundas, pode ser suficiente uma segmentação grosseira.

1.4 Indexação de alta dimensão

Para tornar a recuperação de imagens com base no conteúdo verdadeiramente escalável para colecções de imagens de grande dimensão, é necessário explorar técnicas de indexação multidimensional eficientes. Há dois desafios principais nessa exploração para a recuperação de imagens: Elevada dimensionalidade. A dimensionalidade dos vectores de caraterísticas é normalmente da ordem de 102. Medida de semelhança não euclidiana. Uma vez que a medida euclidiana pode não simular eficazmente a perceção humana de um determinado conteúdo visual, é necessário apoiar várias outras medidas de semelhança, como a intersecção de histogramas, o cosseno e a correlação. Para resolver este problema, uma abordagem prometedora consiste em efetuar primeiro a redução da dimensão e depois utilizar técnicas de indexação multidimensional adequadas, capazes de suportar medidas de semelhança não euclidianas.

1.5 Sistemas de recuperação de imagens

Desde o início da década de 1990, a recuperação de imagens com base no conteúdo tornou-se uma área de investigação muito ativa. Foram criados muitos sistemas de recuperação de imagens, tanto comerciais como de investigação. A maioria dos sistemas de recuperação de imagens suporta uma ou mais das seguintes opções: pesquisa aleatória pesquisa por exemplo pesquisa por esboço pesquisa por texto (incluindo palavra-chave ou discurso) Navegação com categorias de imagens personalizadas.

Hoje em dia, assistimos à disponibilização de um conjunto rico de opções de pesquisa, mas ainda é necessário realizar estudos sistemáticos com utilizadores reais em aplicações práticas para explorar as soluções de compromisso entre as diferentes opções acima mencionadas. Neste ponto, seleccionaremos alguns sistemas representativos e destacaremos as suas caraterísticas distintas.

1.5.1 **QBIC**

O QBIC, que significa "query by image content" (consulta por conteúdo de imagem), é o primeiro sistema comercial de recuperação de imagens com base no conteúdo. A estrutura e as técnicas do seu sistema tiveram efeitos profundos em sistemas de recuperação de imagens posteriores. O QBIC suporta consultas baseadas em imagens de exemplo, esboços e desenhos construídos pelo utilizador e padrões de cor e textura selecionados, etc. A caraterística de cor utilizada no QBIC é a média das coordenadas (R, G, B), (Y, i, q), (L, a, b), e MTM (transformação matemática para Munsell), e um histograma de cor de k elementos [46]. A sua caraterística de textura é uma versão melhorada da representação de textura de Tamura: ou seja, combinações de aspereza, contraste e direccionalidade. A sua caraterística de forma consiste na área da forma, circularidade, excentricidade, orientação do eixo principal e um conjunto de invariantes de momento algébrico. O QBIC é um dos poucos sistemas que tem em conta a indexação de caraterísticas de alta dimensão. No seu subsistema de indexação, o KLT é primeiro utilizado para efetuar a redução da dimensão e, em seguida, a árvore R é utilizada como estrutura de indexação multidimensional. No seu novo sistema, a pesquisa de palavras-chave com base no texto pode ser combinada com a pesquisa de semelhanças com base no conteúdo.

1.5.2 Viragem

O Virage é um motor de pesquisa de imagens baseado em conteúdos desenvolvido pela Virage Inc. À semelhança do QBIC, o Virage [11, 56] suporta consultas visuais baseadas na cor, composição (disposição das cores), textura e estrutura (informação sobre os limites do objeto). Mas o Virage vai um passo mais longe do que o QBIC. Também suporta combinações arbitrárias das quatro consultas atómicas acima referidas. Os utilizadores podem ajustar os pesos associados às caraterísticas atómicas de acordo com a sua própria ênfase. Em [11], Jeffrey et al. propuseram ainda um quadro aberto para a gestão de imagens. Classificaram as caraterísticas visuais ("primitivas") como gerais (como a cor, a forma ou a textura) e específicas de um domínio (reconhecimento facial, deteção de células cancerosas, etc.). Podem ser acrescentadas várias "primitivas" úteis à estrutura aberta, em função das necessidades do domínio. Para ir além do modo de consulta por exemplo, Gupta e Jain propuseram uma estrutura de linguagem de consulta de nove componentes.

1.5.3 **Armazém de recuperação**

O Retrieval Ware é um motor de recuperação de imagens baseado em conteúdos desenvolvido pela Excalibur Technologies Corp. [3]. De uma das suas primeiras publicações, podemos ver que a ênfase foi colocada nas redes neuronais para a recuperação de imagens. O seu motor de pesquisa mais recente utiliza a cor, a forma, a textura, o brilho, a disposição das cores e a relação de aspeto da imagem como caraterísticas de consulta [3]. Também suporta as combinações destas caraterísticas e permite aos utilizadores ajustar os pesos associados a cada caraterística.

1.5.4 **Livro de fotografias**

O álbum digital é um conjunto de ferramentas interactivas para navegar e pesquisar imagens desenvolvido no MIT Media Lab. O álbum de fotografias consiste em três subálbuns dos quais são extraídas caraterísticas de forma, textura e rosto, respetivamente. Os utilizadores podem então fazer consultas com base nas caraterísticas correspondentes em cada um dos três sub-livros. Na sua versão mais recente do livro de fotografias, Four Eyes, Picard et al. propuseram a inclusão de humanos no ciclo de anotação e recuperação de imagens. A motivação para tal baseou-se na observação de que não existe uma caraterística única que possa modelar melhor as imagens de todos os domínios. Além disso, a perceção humana é subjectiva. Os autores propuseram uma abordagem do tipo "sociedade do modelo" para incorporar o fator humano. Os resultados experimentais mostram que esta abordagem é eficaz na anotação interactiva de imagens.

1.5.5 **Visual Seek e Web Seek**

O Visual Seek é um motor de pesquisa de caraterísticas visuais e o WebSEEk é um motor de pesquisa de texto/imagem orientado para a World Wide Web, ambos desenvolvidos na Universidade de Columbia. As principais caraterísticas da investigação são a consulta de relações espaciais de regiões de imagens e a extração de caraterísticas visuais do domínio comprimido. As caraterísticas visuais utilizadas nos seus sistemas são o conjunto de cores e a caraterística de textura baseada na transformada wavelet. Para acelerar o processo de recuperação, também desenvolveram algoritmos de indexação baseados em árvores binárias. O Visual Seek suporta consultas baseadas tanto em caraterísticas visuais como nas suas relações espaciais. Isto permite a um utilizador apresentar uma consulta sobre o "pôr do sol" como uma região de cor vermelho-alaranjada na parte superior e uma região azul ou verde na parte inferior como o seu "esboço". O Web SEEk é um motor de pesquisa orientado para a Web. É composto por três módulos principais, ou seja, o módulo de recolha de imagens/vídeos, o módulo de classificação e indexação de assuntos e o módulo de pesquisa, navegação e recuperação. Suporta consultas baseadas tanto em palavras-chave como em conteúdos visuais.

1.5.6 Netra

O Netra é um protótipo de sistema de recuperação de imagens desenvolvido no projeto da Biblioteca Digital Alexandria (ADL) da UCSB. O Netra utiliza informação sobre cor, textura, forma e localização espacial nas regiões segmentadas da imagem para procurar e recuperar regiões semelhantes da base de dados. As principais caraterísticas de investigação do sistema Netra são a análise de textura baseada no filtro de Gabor [7], a construção de um tesauro de imagens baseado em redes neuronais e a segmentação de regiões baseada no fluxo de arestas.

1.5.7 MARTE

O MARS (sistema de análise e recuperação de multimédia) foi desenvolvido na Universidade de Illinois em Urbana-Champaign. O MARS difere de outros sistemas tanto no âmbito da investigação como nas técnicas utilizadas. Trata-se de um esforço de investigação interdisciplinar que envolve várias comunidades de investigação: visão computacional, sistema de gestão de bases de dados (DBMS) e recuperação de informação (IR). As caraterísticas de investigação do MARS são a integração do SGBD e da RI (correspondência exacta com recuperação classificada), a integração da indexação e da recuperação (como o algoritmo de recuperação pode tirar partido da estrutura de indexação sublinhada) e a integração do computador e do ser humano. O foco principal do MARS não é encontrar uma única "melhor" representação de caraterísticas, mas sim como organizar várias caraterísticas visuais numa arquitetura de recuperação significativa que se pode adaptar dinamicamente a diferentes aplicações e diferentes utilizadores. A MARS propõe formalmente uma arquitetura de feedback de relevância na recuperação de imagens [123] e integra essa técnica a vários níveis durante a recuperação, incluindo o refinamento do vetor de consulta, a seleção automática de ferramentas de correspondência e a adaptação automática de caraterísticas.

1.6 Aplicação

As potenciais utilizações da CBIR incluem Estilo arquitetónico e de engenharia Colecções de arte Dificuldades de criminalidade Dados geográficos e sistemas de deteção remota Propriedade intelectual Designação médica Arquivos de fotografias militares Catálogos de retalho Filtros de deteção de nudez Localização de rostos Comércio de têxteis

Prevenção da criminalidade: As forças policiais utilizam o sistema Sistemas de reconhecimento facial automático.

Controlo de segurança: Digitalização das impressões digitais ou da camada de tecido para verificação dos privilégios de acesso.

Diagnóstico médico: utilização da CBIR numa informação extremamente médica de imagens médicas para ajudar na designação, distinguindo casos passados semelhantes.

Propriedade intelectual: Sempre que uma marca candidata a substituição é comparada com as marcas existentes para confirmar que não há risco de confusão entre a propriedade e o registo de imagens de marcas conhecidas.

1.7 . Solução proposta

Neste projeto, é formulado um novo método de classificação de imagens para reduzir o tempo de pesquisa de imagens na base de dados de imagens. O conteúdo programático da imagem é agrupado em três categorias

i.Imagem detalhada de alta textura ii.Imagem detalhada de textura média iii.Imagem detalhada de baixa textura

Deste modo, podemos reduzir o espaço de pesquisa em um terço do que era anteriormente. Se optarmos por um maior número de grupos ou por um menor número de grupos, estes podem revelar problemas de sobreposição desnecessários ou podem produzir resultados aproximados. Assim, o foco principal desta classificação é a utilização das "texturas" presentes numa imagem. Isto deve-se ao facto de esta classificação baseada na textura ser simples, fácil e eficiente para aplicações em tempo real, em comparação com as classificações baseadas no método da entropia, bem como com as técnicas baseadas na segmentação. O principal objetivo deste trabalho é desenvolver algoritmos para criar verdadeiras bases de dados a partir de colecções de dados multimédia (especificamente imagens), explorando o conteúdo dos dados offline, a fim de suportar eficientemente consultas complexas em tempo de execução [16].

1. Metodologia

2. Baseado em cores

Uma das caraterísticas mais importantes que tornam possível ao ser humano o reconhecimento de imagens é a cor. A propriedade da cor depende da reflexão dos raios de luz para o olho humano e do processamento posterior dessa informação no cérebro. Utilizamos a cor todos os dias para distinguir objectos, lugares e a hora do dia [7]. Normalmente, as cores são definidas em espaços de cor tridimensionais. Este tipo de cor pode ser uma combinação de HSV (Hue, Saturation, and Value) ou HSB (Hue, Saturation, and Brightness), RGB (Red, Green, and Blue). Os dois primeiros dependem do HSB da perceção humana. A maioria dos formatos de imagem, como JPEG, BMP e GIF, utiliza o espaço de cor RGB para armazenar informação [7]. A amplitude do espaço de cor RGB é distinta como um cubo unitário com eixos de vermelho, verde e azul. Assim, estes três espaços de cor são representados como um vetor com três coordenadas. A cor preta é percepcionada quando o conjunto das três coordenadas é zero. A cor branca é percepcionada quando o conjunto das três coordenadas é um [7]. Os outros espaços de cor funcionam de forma semelhante, mas com uma perceção diferente. Os histogramas espaciais de cor podem melhorar o desempenho de um motor de busca de imagens baseado em caraterísticas de cor. Além disso, a gama particular de cores é explorada, para isso o caminho é fornecido por estas abordagens em mais aspectos no domínio espacial, de modo que, quando um subconjunto de dados de cores é o principal ponto de foco, é extremamente funcional. As caraterísticas do histograma que vamos considerar são caraterísticas de base estatística, onde para a distribuição de probabilidade dos níveis de intensidade a abordagem mais adequada é o histograma. A informação sobre as caraterísticas da distribuição dos níveis de intensidade é fornecida por estas caraterísticas estatísticas da imagem.

2Métodos de representação

No sistema CBIR para a representação da informação de cor das imagens, a abordagem mais adequada é conhecida como histograma de cor. O histograma é a representação gráfica da intensidade da cor. É um tipo de gráfico de barras, em que uma determinada cor do espaço de cor é representada por cada barra que está a ser utilizada. Para o espaço de cor RGB, o histograma de cor de uma imagem é obtido em Matlab. O eixo X é representado por barras e essas barras referem-se às barras de um histograma de cor. O número de cores depende do número de posições numa imagem e o número de pixels em cada posição é indicado pelo eixo y. Por outras palavras, uma determinada cor contém quantos pixels numa imagem. Um histograma de cores no espaço de cores da componente RGB pode ser visto na imagem seguinte: O espaço de cor com as três coordenadas é composto pela linha. A primeira coordenada representa o vermelho, a segunda o verde e a terceira o azul, dando assim RGB. Cada uma destas coordenadas com as percentagens é o que compõe a cor de uma caixa. Além disso, para cada caixa, é possível ver os números de pixéis equivalentes, as linhas azuis denotam estes números de pixéis equivalentes no histograma. A quantização em termos de histogramas de cores refere-se ao processo de redução do número de compartimentos, tomando cores muito semelhantes entre si. E depois o mesmo bin é referido a esse bins reduzido. No Matlab, por defeito, 256 é o número máximo de posições que se pode obter usando a função histograma. Quando se tenta comparar os histogramas de cores, pode-se quantizar o número de bins com o objetivo de poupar tempo.

Os histogramas de cor são de dois tipos: GCHs e LCHs, o primeiro é o histograma de cor global e o segundo é o histograma de cor local. Um GCH representa uma imagem inteira com um único histograma de cores. Uma imagem é dividida por um LCH em blocos fixos e o histograma de cor de cada um desses blocos fixos é obtido [7]. Quando as imagens são comparadas, as LCH contêm mais informações sobre uma imagem, mas são computacionalmente dispendiosas. "Para CBIR (recuperação de imagens com base na cor), a abordagem tradicional mais adequada é a GCH. A distribuição de cores ou a orientação das regiões não possui informações sobre uma imagem que lhe diga respeito [7]". Assim, quando

As CGH são comparadas em termos semelhantes de imagens e nem sempre se obtém um resultado correto.

3. Baseado em caraterísticas texturais

A textura na CBIR pode ser utilizada, pelo menos, para dois objectivos. Em primeiro lugar, uma imagem é constituída por diferentes regiões de textura que podem ser consideradas um mosaico. Para a navegação, a pesquisa e a recuperação de áreas semelhantes, estas regiões de textura podem ser utilizadas como exemplos. Em segundo lugar, o conteúdo de uma imagem pode ser automaticamente anotado por estas regiões de textura.

A textura é a propriedade inata de todas as superfícies que descreve padrões visuais, cada um com propriedades de homogeneidade. Contém informações importantes sobre a disposição estrutural da superfície. Também descreve a relação da superfície com o ambiente circundante [2]. Em suma, é uma caraterística que descreve a composição física distintiva de uma superfície.

A textura é uma das caraterísticas mais importantes que definem uma imagem. Caracteriza-se pela distribuição espacial dos níveis de cinzento numa vizinhança [8]. A fim de captar a dependência espacial dos valores dos níveis de cinzento, que contribuem para a perceção da textura, é tida em consideração uma matriz de análise de textura de dependência bidimensional. Esta matriz bidimensional é obtida através da descodificação do ficheiro de imagem; jpeg, bmp, etc.

4. Métodos de representação

Existem três abordagens principais utilizadas para descrever a textura: estatística, estrutural e espetral.

As técnicas estatísticas caracterizam as texturas utilizando as propriedades estatísticas dos níveis de cinzento dos pontos/pixéis que compõem uma imagem de superfície. Normalmente, estas propriedades são calculadas utilizando: a matriz de coocorrência de níveis de cinzento da superfície ou a transformação wavelet da superfície.

As técnicas estruturais caracterizam as texturas como sendo compostas por estruturas primitivas simples denominadas "Texel's" (ou elementos de textura). Estes são dispostos regularmente numa superfície de acordo com algumas regras de disposição da superfície.

As técnicas espectrais baseiam-se nas propriedades do espetro de Fourier e descrevem a periodicidade global dos níveis de cinzento de uma superfície através da identificação de picos de alta energia no espetro de Fourier [9].

Para efeitos de classificação óptima, o que nos interessa são as técnicas estatísticas de caraterização... Isto porque são estas técnicas que resultam no cálculo das propriedades da textura... As representações estatísticas de textura mais populares são: Matriz de Coocorrência de Textura de Tamura e Transformada Wavelet.

5. Matriz de Coocorrência

Na análise estatística de texturas, as caraterísticas de textura são calculadas a partir da distribuição estatística das combinações de intensidades observadas em posições específicas relativamente umas às outras na imagem. De acordo com o número de pontos de intensidade (pixéis) em cada combinação, as estatísticas são classificadas em estatísticas de primeira ordem, de segunda ordem e de ordem superior. O método da Matriz de Coocorrência de Níveis de Cinzento (GLCM) é uma forma de extrair caraterísticas estatísticas de textura de segunda ordem. As texturas de terceira ordem e de ordem superior consideram as relações entre três ou mais pixéis. Estas são teoricamente possíveis, mas não são habitualmente aplicadas devido ao tempo de cálculo e à dificuldade de interpretação. Um GLCM é uma matriz em que o número de linhas e colunas é igual ao número de níveis de cinzento, G, na imagem. O elemento da matriz $P(i, j \mid \Delta x, \Delta y)$ é a frequência relativa com que dois pixéis, separados por um pixel
distância $(\Delta x, \Delta y)$, ocorrem numa determinada vizinhança, um com intensidade 'i' e o outro com intensidade "j". O elemento da matriz $P(i, j \mid d, \theta)$ contém a probabilidade estatística de segunda ordem
valores para as alterações entre os níveis de cinzento "i" e "j" a uma determinada distância de deslocação d e a um determinado ângulo (θ) . A utilização de um grande número de níveis de intensidade G implica o armazenamento de muitos dados temporários, ou seja, uma matriz G G para cada combinação de $(\Delta x, \Delta y)$ ou (d, θ). Devido à sua grande
Por outro lado, devido à sua dimensionalidade, os GLCM são muito sensíveis à dimensão das amostras de textura em que são estimados. Assim, o número de níveis de cinzento é frequentemente reduzido. A formulação da matriz GLCM pode ser explicada com o exemplo ilustrado na figura 2.1 para quatro níveis de cinzento diferentes. Aqui é utilizado um desvio de pixel (um pixel de referência e o seu vizinho imediato). Se a janela for suficientemente grande, é possível utilizar um desvio maior. A célula superior esquerda será preenchida com o número de vezes que a combinação 0,0 ocorre, ou seja, quantas vezes na área da imagem um pixel com nível de cinzento 0 (pixel vizinho) cai à direita de outro pixel com nível de cinzento 0 (pixel de referência).

A matriz de coocorrência de níveis de cinzento pode revelar certas propriedades sobre a distribuição espacial dos níveis de cinzento na imagem de textura. Por exemplo, se a maioria das entradas na GLCM estiver concentrada ao longo da diagonal, a textura é grosseira em relação ao deslocamento especificado. Também é possível derivar várias medidas estatísticas do GLCM. Para ilustrar, a figura a seguir mostra como o graycomatrix calcula os três primeiros valores de um GLCM . o GLCM de saída, elemento (1,1) contém o valor 1 porque existe apenas um caso na imagem de entrada em que dois pixéis horizontalmente adjacentes têm os valores 1 e 1, respetivamente. glcm(1,2) contém o valor 2 porque há duas instâncias onde dois pixels horizontalmente adjacentes têm os valores 1 e 2. O elemento (1,3) no GLCM tem o valor 0 porque não existem instâncias de dois pixéis horizontalmente adjacentes com os valores 1 e 3. A matriz cinzenta continua a processar a imagem de entrada, procurando na imagem outros pares de pixéis (i,j) e registando as somas nos elementos correspondentes do GLCM. Processo usado para criar o GLCM

6. Extração de caraterísticas de textura da imagem:

A matriz de coocorrência de níveis de cinzento (GLCM) provou ser um método estatístico popular de extração de caraterísticas texturais de imagens. De acordo com a matriz de coocorrência, Haralick define catorze caraterísticas texturais medidas a partir da matriz de probabilidade para extrair as caraterísticas das estatísticas de textura das imagens de deteção remota. São selecionadas cinco caraterísticas importantes: contraste, segundo momento angular (energia), entropia, dissimilaridade e homogeneidade.

1. Contraste

Uma imagem de GLCM (i, j) extrai as caraterísticas com base no pixel e no pixel vizinho seguinte na imagem. A GLCM (i, j) é uma função bidimensional composta por m pixéis na direção vertical e n pixéis na direção horizontal, sendo i, j as ordenadas horizontais e verticais da imagem. O número total de pixéis da imagem é m*n = N, 0 <i <m, 0 <j <n . Em primeiro lugar, o contraste de intensidade entre um pixel e o seu vizinho é determinado numa imagem inteira. É sabido que os valores semelhantes dos pixéis em observação resultam num baixo contraste, o que provoca uma má difusão dos limites entre as caraterísticas. Esta intensidade de contraste é calculada com a equação Mede as variações locais da matriz de coocorrência dos níveis de cinzento.

CONTRAST =∑ =1 ∑ =1(−)2GLCM (i , j)

2 Segundo momento angular (energia)

O Segundo Momento Angular é também conhecido como Uniformidade ou Energia. É a soma dos quadrados das entradas no GLCM. O segundo momento angular mede a homogeneidade da imagem. O segundo momento angular é elevado quando a imagem tem uma homogeneidade muito boa ou quando os pixels são muito semelhantes. Da mesma forma, a uniformidade textural é obtida com a equação (2) como medida estatística de energia. Isto significa que os valores constantes máximos ou a uniformidade periódica na distribuição dos níveis de cinzento constituirão a energia máxima da textura. O domínio claro de um grupo de texturas é decifrado devido ao valor mais elevado da medida de energia.

ENERGY= ∑mi=1 ∑nj=1 GLCM (i , j)2

3 Entropia

A entropia mostra a quantidade de informação da imagem que é necessária para a compressão da imagem. A entropia mede a perda de informação ou mensagem num sinal transmitido e também mede a informação da imagem. um valor escalar que representa a entropia da imagem em escala de cinzentos. A entropia é uma medida estatística de aleatoriedade que pode ser utilizada para caraterizar a textura da imagem de entrada. A entropia é definida como

ENTROPY = - GLCM * log (,)

4 Dissimilaridade

DISSIMILARITY = ∑ =1 ∑ =1(−)GLCM (i , j)

5 Homogeneidade

Mede a proximidade da distribuição dos elementos do GLCM em relação à diagonal do GLCM. A proximidade dos níveis de cinzento na distribuição espacial da imagem é inferida pela homogeneidade através da equação (3). Uma imagem com textura homogénea é composta por uma gama limitada de níveis de cinzento e, por conseguinte, a imagem GLCM apresenta alguns valores com uma probabilidade relativamente elevada.

Propriedade do ficheiro Baseado

Profundidade de bits:

A profundidade de bits refere-se à informação de cor armazenada numa imagem. Quanto maior for a profundidade de bits de uma imagem, maior será o número de cores que pode armazenar. A imagem mais simples, uma imagem de 1 bit, só pode mostrar duas cores, preto e branco. Isto deve-se ao facto de o 1 bit só poder armazenar um de dois valores, 0 (branco) e 1 (preto). Uma imagem de 8 bits pode armazenar 256 cores possíveis, enquanto uma imagem de 24 bits pode apresentar cerca de 16 milhões de cores.

Terminologia

Cada pixel de cor numa imagem digital é criado através de uma combinação das três cores primárias: vermelho, verde e azul. Cada cor primária é frequentemente referida como um "canal de cor" e pode ter qualquer gama de valores de intensidade especificada pela sua profundidade de bits. A profundidade de bits para cada cor primária é designada por "bits por canal". Os "bits por pixel" (bpp) referem-se à soma dos bits nos três canais de cor e representam o total de cores disponíveis em cada pixel. A confusão surge frequentemente com imagens a cores porque pode não ser claro se um número afixado se refere aos bits por pixel ou aos bits por canal. A utilização de "bpp" como sufixo ajuda a distinguir estes dois termos.

A maioria das imagens a cores das câmaras digitais tem 8 bits por canal e, por isso, podem utilizar um total de oito 0 e 1. Isto permite 28 ou 256 combinações diferentes - o que se traduz em 256 valores de intensidade diferentes para cada cor primária. Quando as três cores primárias são combinadas em cada pixel, isto permite até 28*3 ou 16.777.216 cores diferentes, ou "cor verdadeira". Isto é referido como 24 bits por pixel, uma vez que cada pixel é composto por três canais de cor de 8 bits. O número de cores disponíveis para qualquer imagem de X bits é apenas 2X se X se referir aos bits por pixel e 23X se X se referir aos bits por canal.

O objetivo das bases de dados de imagens é fornecer um meio eficaz de organizar, pesquisar e indexar grandes colecções de imagens. Para tal, são necessários sistemas inteligentes que tenham a capacidade de reconhecer, captar e compreender o conteúdo complexo das imagens médicas. A recuperação baseada no conteúdo é uma abordagem promissora para realizar estas tarefas e tem desenvolvido uma série de técnicas utilizadas em imagens. Apesar dos recentes desenvolvimentos, a recuperação de imagens com base no conteúdo ainda tem um longo caminho a percorrer e espera-se que sejam dedicados mais esforços a esta área. Em última análise, uma base de dados de imagens bem organizada, acompanhada de um mecanismo de recuperação inteligente, pode apoiar o tratamento clínico e fornecer uma base para uma melhor investigação e educação médica.

As principais realizações do modelo CBIR proposto podem ser resumidas da seguinte forma:

(1) A sua generalidade. O modelo utiliza as principais técnicas dos modelos de recuperação de imagens existentes e é aplicável a uma grande variedade de colecções de imagens.

(2) O seu carácter prático. O modelo pode ser utilizado como uma linguagem de manipulação de imagens num sistema de base de dados de imagens.

(3) A riqueza dos métodos utilizados para a recuperação de imagens, a indexação de imagens e a

medida de semelhança. Todas as principais técnicas de consulta de imagens estão resumidas no modelo proposto e o modelo permite diversas formas de recuperação de imagens. O modelo suporta uma variedade de medidas de similaridade e métricas.

(4) A sua flexibilidade. É flexível nos métodos que utiliza para a recuperação de imagens, a fim de alcançar a máxima eficiência na indexação.

O modelo pode ser personalizado quando utilizado numa aplicação específica. O modelo apresentado pode ser alargado a sistemas de bases de dados de imagens distribuídas e a bases de dados multimédia que contenham sinais de vídeo e de voz.

Neste documento, são analisadas as realizações técnicas passadas e actuais em matéria de extração de caraterísticas visuais, indexação multidimensional e conceção de sistemas. São identificadas questões de investigação em aberto e sugeridas direcções de investigação futuras. Na secção anterior, podemos ver que um sistema de recuperação de imagens bem sucedido requer a integração perfeita dos esforços de várias comunidades de investigação. Os progressos em cada comunidade de investigação individual e a arquitetura global do sistema são igualmente importantes. Propomos uma possível arquitetura de sistema integrada. Existem três bases de dados nesta arquitetura de sistema. A base de dados de recolha de imagens contém as imagens em bruto para efeitos de apresentação visual. Durante as diferentes fases da recuperação de imagens, podem ser necessárias diferentes resoluções de imagem. Nesse caso, uma imagem comprimida por wavelets é uma boa escolha. As comunidades de investigação sobre processamento e compressão de imagens contribuem para esta base de dados.

Capítulo 2

Sistema de Reorganização da Face

2.1 Biometria

A biometria refere-se à utilização de caraterísticas fisiológicas e comportamentais para um sistema de reconhecimento humano automático. Por vezes, refere-se a métricas relacionadas com as caraterísticas humanas. Os identificadores biométricos são as caraterísticas distintivas e mensuráveis utilizadas para rotular e descrever indivíduos. As caraterísticas fisiológicas estão relacionadas com a forma do corpo, como a impressão digital, a palma da mão, as veias, o reconhecimento facial, o ADN, a impressão da palma da mão, a geometria da mão, o reconhecimento da íris, a retina e o odor/cheiro. E as caraterísticas comportamentais estão relacionadas com o padrão de comportamento de uma pessoa, incluindo, entre outros, o ritmo de digitação, a marcha e a voz. O termo combinado behaviometrics é utilizado para descrever esta última classe de biometria. Tradicionalmente, o controlo do acesso era efectuado por sistemas de identificação baseados em fichas, como a carta de condução ou o passaporte, e por sistemas de identificação manual baseados no conhecimento, como a palavra-passe ou o número de identificação pessoal. Atualmente, a autenticação biométrica comportamental é utilizada para a identificação individual e o controlo do acesso. Uma vez que a biometria é única para os indivíduos, o seu fator de fiabilidade é mais elevado do que os métodos tradicionais baseados em símbolos e no conhecimento [1]. A autenticação biométrica envolve vários aspectos da fisiologia ou do comportamento. Os investigadores identificaram alguns factores que devem ser tidos em conta na seleção de qualquer um dos aspectos. Estes factores são

1. Universalidade - Significa que a caraterística deve ser possuída por todas as pessoas.
2. Singularidade - Significa que a caraterística selecionada deve ser diferente para cada um.
3. Permanência - Está relacionada com a variação do traço ao longo do tempo. Uma boa permanência significa menos
variação ao longo do tempo.
4. Mensurabilidade - Significa a facilidade de adquirir ou medir o traço.
5. Desempenho - Está associado à exatidão, velocidade e robustez da tecnologia utilizada.
6. Aceitabilidade - Define o grau de conforto com que os indivíduos podem aceitar a tecnologia enquanto
traços de captura.
7. Circunvenção - Está associada à reprodução da caraterística através de um substituto.

2.2 Tipos de biometria

De entre as várias formas de biometria [2], as seis mais utilizadas são aqui analisadas. Esta biometria é utilizada para fins comerciais e está também a ser objeto de muita investigação.

2.2.1 Tecnologia de reconhecimento facial

Uma tecnologia de reconhecimento facial é um sistema automático de identificação ou verificação de uma pessoa a partir de uma imagem digital ou de um fotograma de vídeo de uma fonte de vídeo. Uma das formas de o fazer é comparando caraterísticas faciais selecionadas da imagem e da base de dados. Este algoritmo de técnica facial identifica caraterísticas faciais extraindo-as de uma imagem facial da pessoa. Exemplos de caraterísticas faciais são a posição, a forma e o tamanho dos olhos, o nariz, as maçãs do rosto e o maxilar. Alguns algoritmos normalizam a base de dados de imagens do rosto e comprimem os dados do rosto, utilizando apenas os dados da imagem que são úteis para o reconhecimento do rosto.

2.2.2 Tecnologia de impressão digital

A tecnologia das impressões digitais é um método automatizado de verificação da correspondência entre duas impressões digitais humanas. A tecnologia das impressões digitais é a mais comercialmente disponível em sistemas biométricos, como computadores e computadores portáteis, sistemas de abertura de portas e sistemas de gestão de bases de dados, devido ao facto de os sensores estarem amplamente disponíveis e a um custo muito baixo. Os padrões das impressões digitais são distintos para cada pessoa, mesmo para gémeos. Trata-se de um dos mais antigos sistemas de reconhecimento adoptados. Evita o problema da memorização de palavras-passe e permite o acesso instantâneo com um simples toque.

2.2.3 Tecnologia de verificação de assinaturas

A verificação de assinaturas utiliza a análise de uma assinatura para autenticar uma pessoa. É sobretudo utilizada nos sectores bancário e financeiro, onde a assinatura é um método convencional de validação pessoal. Os dois principais métodos de verificação de assinaturas são o estático e o dinâmico. No modo estático, a assinatura do utilizador é digitalizada através de um scanner ótico ou de uma câmara e o sistema reconhece a assinatura. É também conhecido como método off-line. No modo dinâmico, o utilizador dá a sua assinatura em tempo real numa mesa digitalizadora. Este método é também conhecido por método em linha.

2.2.4 Sistema de exploração da retina

Um scanner de retina utiliza o padrão dos vasos sanguíneos da retina humana. A retina humana é única devido à estrutura dos capilares que a abastecem de sangue. Nem mesmo os gémeos idênticos têm um padrão semelhante. Nesta técnica, a luz infravermelha de baixa energia passa para o olho de uma pessoa quando esta olha através do scanner. Devido aos vasos sanguíneos da retina, a luz é absorvida mais rapidamente do que o tecido circundante. Esta variação é digitalizada e armazenada numa base de dados.

2.2.5 Sistema de reconhecimento de altifalantes

O reconhecimento do orador é a identificação da voz de uma pessoa, pelo que também é designado por reconhecimento de voz. Existe uma diferença entre o reconhecimento do orador (reconhecer quem está a falar) e o reconhecimento do discurso. Também existe uma diferença entre autenticação e identificação. O reconhecimento do locutor consiste em descobrir uma pessoa a partir da base de dados treinada por muitas pessoas, mas o reconhecimento do discurso consiste em descobrir o que uma pessoa está a dizer. O reconhecimento do orador é uma combinação da modalidade áudio e da modalidade vídeo. O sistema de reconhecimento visual da fala lida com o vídeo do movimento dos lábios. Neste sistema, há três tipos de entrada: dependente do texto, solicitado pelo texto e independente do texto.

2.2.6 Técnica de geometria manual

A geometria da mão utiliza a forma das mãos humanas. A tecnologia de geometria da mão mede a mão em várias dimensões e, em seguida, avalia essas medidas em relação às medidas armazenadas na base de dados. A geometria da mão é muito fiável no caso de um sistema biométrico multimodal. Mas a geometria da mão não é adequada para aplicações um-para-muitos, em que um utilizador é identificado a partir da sua biometria sem qualquer outra identificação.

2.2.7 Método de análise da marcha

A análise da marcha é o estudo do movimento humano. É conseguida através da medição dos movimentos do corpo, da mecânica corporal e das actividades dos músculos do corpo. É utilizada para avaliar a capacidade de andar de um indivíduo.

2.2.8 Registo de teclas

É uma biometria comportamental que utiliza a forma e o ritmo de digitação de caracteres num teclado ou teclado por um indivíduo. Desenvolve um modelo biométrico único do padrão de digitação do utilizador para futura autenticação.

2.3 Parâmetros de desempenho para biometria

1. Taxa de falsas correspondências (FMR): É o rácio de obtenção de correspondências incorrectas a partir da entrada no
base de dados. A FMR é elevada quando um impostor pode ser considerado genuíno pelo sistema, no caso de uma pontuação de correspondência mais elevada como limiar.

2. Taxa de não correspondência falsa (FNMR): É o rácio de entradas válidas que são incorretamente
rejeitado. O sistema não consegue detetar uma correspondência entre o padrão de entrada e um modelo correspondente na base de dados.

3. Caraterística de funcionamento do recetor ou Caraterística de funcionamento relativo (ROC): É
cálculo do compromisso entre FAR e FRR. Um algoritmo dá resultados com base num limiar, que é um valor de definição para que uma imagem de entrada seja a saída desejada. Se o limiar for reduzido, haverá mais falsas aceitações. Assim, um limiar mais elevado reduz a FAR mas aumenta a FRR.

4. Equal Error Rate ou Crossover Error Rate (EER ou CER): Define a taxa pela qual
ambos os erros de aceitação e rejeição se tornam iguais. O EER é utilizado para comparar a precisão de dispositivos com diferentes curvas ROC. O EER mais baixo corresponde a uma precisão elevada.

5. Taxa de não inscrição (FTE ou FER): Está relacionada com o insucesso na obtenção da imagem de entrada
de acordo com o modelo. Está sobretudo relacionado com factores de produção de baixa qualidade.

6. Taxa de falha de captura (FTC): Corresponde à falha de um sistema em capturar uma biometria.

7. Capacidade do modelo: É a capacidade do sistema para armazenar modalidades biométricas na base de dados.

2.4 Reconhecimento de padrões

A aprendizagem automática é um método de aprendizagem supervisionada que tem origem na inteligência artificial. O reconhecimento de padrões baseia-se na aprendizagem automática, tendo um grande número de aplicações no domínio da biometria. Trata-se de calcular a variação no padrão de qualquer variável e de tirar conclusões com base nessas variações, que podem ser utilizadas para compreender a natureza da variável. No reconhecimento de padrões, são atribuídos valores numéricos às variáveis com base na intensidade da imagem e na frequência do sinal. Com o avanço das tecnologias digitais, como computadores, scanners, sensores, interfaces, etc., o reconhecimento de padrões torna-se muito rápido e simples [4]. O reconhecimento de padrões tem três fases. Na primeira fase, os sensores ou scanners recebem variáveis como entrada. Estas entradas são depois convertidas em sinais que podem ser avaliados por um sistema informático. Na segunda fase, os sinais de entrada são transformados numa forma que tem uma categoria semelhante e é única para os sinais de categoria diferente. Isto leva à ideia de obter as caraterísticas robustas que são invariantes a transformações irrelevantes, como a rotação e o escalonamento do sinal de entrada. Estas caraterísticas descrevem as propriedades do sinal de entrada. Estas caraterísticas extraídas são depois fornecidas a uma caixa de decisão que decide a categoria da variável de entrada através da medição de parâmetros como a distância, a verosimilhança, a PSD, a PDF e a Bayesiana.

A terceira fase é a da caixa de decisão, também conhecida como classificadores, cuja tarefa é atribuir uma caraterística de entrada a uma das classes já apresentadas. As medidas de classificação linear tradicionalmente adoptadas são a medição da distância, como o quarteirão, mahalanobis, distância euclidiana, e a medição da semelhança, como a covariância ou a verosimilhança e a medição bayesiana.

Estes classificadores são imperfeitos na resolução de informação discreta linear e também não conseguem lidar com limites de decisão não lineares complexos. As categorias de informação que são não lineares e inseparáveis podem ser separadas linearmente convertendo-as em espaços de caraterísticas de dimensão superior. Esta ideia é utilizada na máquina de vectores de apoio (SVM), que é uma formulação não linear com limites de decisão não lineares complexos.

2.5 Aplicações do sistema de reconhecimento facial

O sistema de reconhecimento facial é amplamente utilizado em aplicações comerciais, de segurança e forenses [4]. Algumas das suas aplicações são enumeradas a seguir:

1. O sistema de reconhecimento facial é amplamente utilizado no sistema de vigilância do tráfego para identificar regras
disjuntores e criminosos. Aqui não é necessário qualquer contacto com o sensor.

2. O sistema de reconhecimento facial pode ser utilizado em sistemas de vigilância, controlo de acesso, conteúdos
gestão de bases de dados de imagens, interface homem-máquina e comunicação multimédia.

3. Tem aplicações na área da defesa, onde são efectuadas observações para reconhecer fugitivos e
terroristas.

4. Aeroportos, onde não é possível examinar manualmente fotografias como licenças e passaportes; o sistema de reconhecimento facial é utilizado para efeitos de identificação .

5. Os objectivos de segurança incluem a instalação de câmaras CCTV em locais públicos como caixas multibanco e
bancos. Estas câmaras captam vídeos para fornecer dados a um sistema de reconhecimento facial.

6. No departamento de ciência forense para identificar pessoas.

7. Este sistema também funciona com bases de dados faciais antigas, como aplicações de verificação em pequena escala
da base de dados do escritório.

2.6 Factores intrínsecos

1. Variação de expressões - Uma pessoa pode ter uma variedade de expressões faciais, cada uma descrevendo
diferentes estados de espírito, como o sorriso, o disfarce, a alegria, a tristeza, o choro, etc. Por conseguinte, as caraterísticas faciais serão sempre deformadas em relação à sua forma esperada. Estas actividades faciais transferem os pontos das caraterísticas faciais, como os cantos das sobrancelhas, os cantos da boca e o ponto médio das pálpebras dos olhos, para fora das suas posições originais de estado facial neutro. Além disso, estas actividades faciais podem também causar rugas e inchaços, o que dificulta a extração [6].

2. Oclusão - Os pêlos faciais, a barba dos óculos, a maquilhagem e o bigode podem ocluir a caraterísticas escondendo os olhos e os cantos da boca. Estes problemas tornam-se problemáticos com a variação do tamanho destes objectos, que pode causar oclusão [7].

3. Etnicidade - A variação na estrutura facial surge devido à variação na civilização e no género, idade e também devido à forma do rosto, à forma dos órgãos faciais, como a boca, os olhos e o nariz, à relação entre o tamanho dos órgãos faciais e o tamanho do rosto e à textura da pele. Estas diferenças estruturais existem entre rostos de diferentes raças. Psicologicamente, a dimensão categórica da raça diferencia os homens e as mulheres de uma raça dos de outras raças [4].

4. Desvio de identidade - Duas pessoas diferentes não podem ter a mesma estrutura facial, exceto para
gémeos. Assim, se se tentar localizar a ponta do nariz ou as sobrancelhas numa imagem facial através de um algoritmo, pode acontecer que este não detecte a localização exacta destas caraterísticas faciais na imagem de diferentes indivíduos.

2.7 Factores extrínsecos

1. Variação da iluminação - A variação da iluminação é um problema muito grande em que um O rosto inalterado aparece de uma forma diferente devido à alteração das condições de luz. A variação da luz afecta a qualidade da imagem original. A iluminação pode escurecer pontos-chave das caraterísticas faciais ou lançar sombras sobre eles. Qualquer alteração considerável da iluminação

pode mesmo provocar mudanças notáveis nos vectores de projeção, o que leva à degradação do desempenho do sistema de reconhecimento facial. Além disso, a não homogeneidade e a não linearidade dos pixels da imagem podem ser encontradas devido à variação da luz, o que pode levar à extração de caraterísticas falsas. Os parâmetros de iluminação podem alterar a intensidade da luz reflectida por um objeto e criar padrões de sombras e sombras visíveis numa imagem. As técnicas de melhoramento da imagem, como a equalização da iluminação ou as técnicas de normalização do histograma, são efectuadas contra a variação da iluminação [3].

2. Variação da pose e rotação da cabeça - A rotação da cabeça tem sido um grande problema para a
extração de caraterísticas. A rotação e a translação da cabeça, dentro e fora do plano, alteram o aspeto visual do rosto e, por conseguinte, deslocam as caraterísticas faciais da localização esperada. Quando a mudança de ponto de vista entre a aprendizagem e o teste é superior a 30 graus, o custo do desempenho atinge um nível máximo. No entanto, uma rotação de 45 graus prejudica significativamente o reconhecimento. A variação da distância do rosto em relação à câmara também resulta em distorção. Se o ponto de vista do rosto for o mesmo na aprendizagem e no teste, o reconhecimento será mais fácil. Mas para rostos novos e desconhecidos, a mudança de ponto de vista resulta num grande fracasso. Além disso, algumas vistas de um rosto desconhecido podem também simplificar a extração da caraterística invariante do rosto. Por conseguinte, o reconhecimento de faces é influenciado pela mudança de ponto de vista entre o treino e o teste [24].

3. Variação de escala - A imagem do rosto pode ser captada numa vasta gama de tamanhos. Distância de
A câmara e a sua orientação afectam as caraterísticas faciais. Cada vez que a imagem facial é captada não se encontra nas mesmas condições, pelo que as técnicas de extração de caraterísticas também variam [13].

4. Falsos positivos - Apesar de todas estas variações comportamentais e fisiológicas, é também descobriram que a parte não-facial da imagem também afecta a deteção de rostos e, por conseguinte, pode levar a falsas detecções [14].

5. Variação de fundo - O reconhecimento de padrões, através de técnicas baseadas em imagens, só é adequado
para os objectos que têm limites de imagem altamente previsíveis. Para um objeto com limites previsíveis, é possível extrair as janelas que contêm apenas pixels dentro do objeto e, por conseguinte, o fundo pode ser removido. No entanto, no caso dos rostos de perfil, em que o contorno facial é utilizado para a extração de caraterísticas, os limites não são de todo previsíveis. Nestes casos, o fundo não pode ser removido [14].

6. Rostos em movimento - O reconhecimento de rostos é muito afetado por rostos em movimento, mas ainda assim pode ser
mais preciso, se os rostos forem capturados em movimento tanto no treino como no teste. Embora duas imagens tenham sido captadas em condições de visualização diferentes, como imagens de vídeo HD versus imagens de vídeo CCTV, podem ser reconhecidas. Pode ser conseguido através de transferências de movimento para movimento, mas a precisão ainda não atinge um nível satisfatório.

2.8 Metodologia

Os algoritmos de reconhecimento facial aqui utilizados são a Análise de Componentes Principais (PCA) e a Análise Discriminante Linear do Subespaço (SLDA). Todos estes algoritmos são aplicados a uma base de dados de rostos com grande variação de iluminação. Cada algoritmo tem as suas próprias vantagens e desvantagens. O PCA é o algoritmo mais simples e rápido, mas só pode ser utilizado para uma base de dados pequena, enquanto o Subspace LDA é utilizado para uma base de dados comparativamente grande. Obtém-se projectando a imagem no espaço das faces próprias através da PCA e aplicando depois a LDA pura, para classificar os dados projectados no espaço das faces próprias.

1 Base de dados de imagens de rostos

Base de dados interna criada pelo próprio instituto - Esta base de dados é preparada no próprio instituto, onde os sujeitos são funcionários e estudantes. As imagens são tiradas por uma câmara ajustada à mesma distância para cada um. Há 9 imagens de 12 pessoas cada uma. Na primeira experiência, utilizando estas imagens, 6 são tiradas para treino e 3 para teste Base de dados facial ORL - As imagens faciais são recolhidas da base de dados disponível ao público denominada ORL Face Database. A base de dados contém imagens faciais de 40 pessoas diferentes, com 10 imagens. Estas imagens são obtidas com diferentes expressões faciais e pormenores faciais. Das 10 imagens faciais variantes de cada pessoa, 8 imagens são selecionadas para treino e 2 imagens são selecionadas para teste.

2 Análise de componentes principais

Uma imagem à escala de cinzentos é uma identidade bidimensional. No domínio espacial, a sua dimensão é representada pelo número de pixéis dentro da imagem. Nas imagens à escala de cinzentos, o valor de cada pixel situa-se no intervalo de 0 a 255. Suponhamos que uma imagem à escala de cinzentos de dimensão (R x C), a dimensão do espaço da imagem é Q, então Q será R vezes C. A análise de componentes principais (PCA) é uma técnica de redução da dimensionalidade muito utilizada. Trata-se de uma análise numérica de dados de imagem para encontrar os vectores que explicam as variações num conjunto de dados de imagens, que são basicamente componentes principais desse conjunto.

A análise tradicional de componentes principais é um método unidimensional. Uma imagem é convertida num único vetor coluna, e o conjunto de todas as imagens é formado pela adição dos vectores coluna de cada imagem, um após o outro. Turk et. al. utilizaram valores eigen para a análise de componentes principais, pelo que também é designado por método Eigenface. Neste método, a variação devida às imagens não faciais é eliminada e a variação resultante da variação entre as imagens faciais é recolhida para análise. Assim, as caraterísticas das imagens são obtidas encontrando o desvio máximo de cada imagem, no domínio espacial da imagem, em relação à imagem média. Em seguida, são calculados os vectores próprios da matriz de covariância de todas as imagens. Em seguida, as imagens de treino são projectadas no espaço da superfície própria. Da mesma forma, a imagem de teste é projectada neste espaço de superfícies próprias e, em seguida, são calculadas as distâncias da imagem de teste projectada em relação a cada uma das imagens de treino projectadas, para identificar a imagem de teste. A Fig. 4.3 representa o fluxograma de um sistema de reconhecimento facial baseado na análise de componentes principais. Os passos são explicados com a ajuda de equações matemáticas após o fluxograma.

3 . Fase de formação

Imagem: - A matriz de imagem I de tamanho (R x C) pixels, onde R é o número de linhas e C é o número de colunas de uma imagem bidimensional em escala de cinzentos. É depois transformada num vetor de coluna única, Γ, de tamanho (Q x 1), em que Q = (R x C).

Conjunto de treino: - A matriz de imagens é formada pela adição do vetor coluna de cada imagem, uma após a outra.

Γ = [Γ1 Γ2 ... ΓM]

O seu tamanho é (Q x M), em que M é o número de imagens de treino.

Pode observar-se que os vectores próprios de X também podem ser obtidos a partir dos vectores próprios de Y. Em vez de se utilizar uma grande matriz de covariância X de (Q X Q), utiliza-se outra matriz Y de dimensão (M x M).

Seleção dos vectores próprios mais elevados: - Uma vez que a maior parte do poder de generalização está contida nos primeiros vectores próprios, cerca de 40% do total de vectores próprios têm 85-90% do poder de generalização total. Assim, em vez de utilizar todos os M números de faces próprias, M' < M números de faces próprias é suficiente para mostrar o seu efeito.

Um maior número de valores próprios significa uma maior variância, que um vetor próprio representa. Por conseguinte, os vectores próprios são dispostos por ordem decrescente em relação aos valores próprios correspondentes. Assim, o vetor próprio mais generalizante vem em primeiro lugar na matriz de vectores próprios.

Espaço de faces próprias: - Pode ser formado calculando o produto escalar da matriz de diferenças com números selecionados de vectores próprios.

ю =A. uk

em que k = 1, 2, ..., M'. Por conseguinte, a sua dimensão será (Q x M'). Representação das primeiras faces próprias no espaço das faces próprias.

Matriz de projeção: - As imagens de treino são depois projectadas sobre o espaço das faces próprias.

Q = ю'. A

Assim, a sua dimensão é (M' x M).

Este método transforma cada imagem do espaço de imagem para o espaço de faces próprias. Anteriormente, no espaço de imagem, cada imagem tinha uma dimensão (Q x 1), no entanto, na transformação da face própria, cada imagem tem uma dimensão (M' x 1) no espaço da face própria. Assim, consegue-se uma redução da dimensão, uma vez que M'<Q.

Fase de teste

Uma imagem a ser testada é também projectada sobre o espaço facial próprio, tal como as imagens de treino. É subtraída da média e projectada no espaço de rostos próprios e depois classificada; ou seja, assume-se que a imagem de teste pertence à classe mais próxima, avaliando a distância mais curta da imagem de teste, com todas as outras imagens de treino no espaço de rostos próprios.

Vetor da imagem de teste: - A imagem em teste, será de tamanho (R x C). É também convertida num vetor de coluna única, ΓT, para representar no espaço imagem. O seu tamanho será (Q x 1).

Imagem média subtraída: - É a diferença entre a imagem de teste e a imagem média.

$$\Phi T = \Gamma T - \Psi$$

O seu tamanho também será (Q x 1).

Imagem de teste projectada: - Esta imagem de teste com subtração da média é então projectada sobre o espaço pré-calculado da superfície própria, que era de tamanho (Q x M').

$$\Omega T = \omega' . \Phi T$$

$$\omega$$

O seu tamanho será (M'x1)

Classificação: - A classificação é efectuada através de medidas de semelhança, que são definidas como a distância entre a imagem de teste projectada e cada imagem na matriz de projeção.

Limiar de distância: - É a distância máxima permitida, que é metade da distância entre as duas classes mais distantes.

Medida de distância: - É a distância entre a imagem média subtraída e a imagem reconstruída.

$$\varepsilon 2 = \|\Phi - \Phi f\| 2$$

Critério da imagem da base de dados interna e da base de dados externa

1 . If $\varepsilon < \Theta$ e para todos $i > \Theta, \delta i$ a imagem é um rosto desconhecido.

2 . If $\varepsilon < \Theta$ e para um de $i < \Theta, \delta i$ a imagem é um rosto conhecido.

A análise discriminante linear é utilizada para ultrapassar o inconveniente da análise de componentes principais, cuja aplicação se limita a pequenas bases de dados de imagens. Consegue-se projetar a imagem no espaço das faces próprias através da ACP e, em seguida, aplicar a LDA pura para classificar os dados projectados no espaço das faces próprias. A Análise Discriminante Linear é também designada por método fischerface. Belhumeour et. al. utiliza a análise discriminante linear para maximizar a dispersão entre classes diferentes e minimizar a dispersão entre os dados de entrada da mesma classe. A Fig. 4.7 representa o fluxograma do sistema de reconhecimento facial baseado no SLDA, seguido das respectivas explicações matemáticas. Aqui, a primeira parte, ou seja, o PCA tenta simplificar os dados de entrada extraindo as caraterísticas e, em seguida, a parte seguinte, que é o LDA puro, tenta distinguir os dados de entrada através da redução da dimensão. Ao combinar estas duas técnicas, desenvolve-se um sistema de reconhecimento facial baseado no subespaço LDA. Esta é a representação em fluxograma da análise discriminante linear subespacial, em que as imagens de entrada são primeiro aplicadas com PCA e depois com LDA para aumentar a dispersão entre as diferentes classes.

Fase de formação

Análise de componentes principais (projeção de imagens faciais sobre o espaço facial Eigen)

Imagem: - A matriz de imagem I de tamanho (R x C) pixels, onde R é o número de linhas e C é o número de colunas de uma imagem bidimensional em escala de cinzentos. É depois transformada num vetor de coluna única, Γ, de tamanho (Q x 1), em que Q = (R x C).

Conjunto de treino: - A matriz de imagens é formada pela adição do vetor coluna de cada imagem, uma após a outra.

$\Gamma = [\Gamma 1\ \Gamma 2 \ldots \Gamma M]$

O seu tamanho é (Q x M), em que M é o número de imagens de treino.

Matriz de covariância: - A covariância da matriz de diferença é então encontrada, que é a sua multiplicação com a sua própria transposição.

Por conseguinte, o seu tamanho será Q x Q.

Vectores próprios e valores próprios: - Na ACP, são calculados os vectores próprios da matriz de covariância. Para uma imagem de rosto com Q números de pixéis, a matriz de covariância é de dimensão (Q x Q). O reconhecimento pode ser efectuado com a ajuda desta matriz de covariância. Mas, devido ao seu tamanho muito grande, o cálculo demora muito tempo e, por conseguinte, o custo do reconhecimento aumenta enormemente. Assim, a PCA adopta o método das faces próprias para calcular os vectores próprios da matriz de dimensão (M x M), sendo M o número de imagens de faces de treino.

Seleção dos vectores próprios mais elevados: - Agora, uma vez que a maior parte do poder de generalização está contida nos primeiros vectores próprios. Cerca de 40% do total dos vectores próprios têm 85 a 90% do poder de generalização total. Assim, em vez de utilizar todos os M números das faces próprias, M'< M números das faces próprias é suficiente para mostrar o seu efeito.

Espaço de faces próprias: - Pode ser formado calculando o produto escalar da matriz de diferenças com números selecionados de vectores próprios.

$$\omega = A.\ \upsilon k$$

em que k = 1, 2, ..., M'. Por conseguinte, a sua dimensão será (Q x M').

Matriz de projeção: - As imagens de treino são depois projectadas sobre o espaço das faces próprias.

$$\Omega = \omega'.\ A$$

Assim, a sua dimensão é (M' x M).

Este método transforma cada imagem do espaço de imagem para o espaço de faces próprias. Anteriormente, no espaço de imagem, cada imagem tinha uma dimensão (Q x 1), no entanto, na transformação da face própria, cada imagem tem uma dimensão (M' x 1) no espaço da face própria. Assim, consegue-se uma redução da dimensão, uma vez que M'<Q.

Análise Discriminante Linear (projeção de autofaces sobre o espaço de fischerface)

Em vez de utilizar os valores de píxeis das imagens, são utilizadas as projecções das superfícies próprias da transformação PCA no método LDA subespacial. Suponhamos que, na base de dados de formação, existem C classes de pessoas individuais com um número qi de imagens de formação em cada uma das classes, de modo que o número total de imagens faciais M = C x qi.

Média da classe das faces próprias: - É a média aritmética dos vectores das imagens de treino projectadas nas faces próprias correspondentes à mesma classe individual.

Eigenface Mean Face: - É a média aritmética de todos os vectores de imagens de treino projectados na eigenface.

Matriz de dispersão dentro da classe: - Esta matriz representa a dispersão média da matriz de projeção Ω no espaço das faces próprias dos diferentes indivíduos Ci em torno das respectivas médias de classe mi. A sua dimensão será (M' x M'), que se baseia no maior número de vectores próprios M', selecionados para o espaço das faces próprias.

Matriz de dispersão entre classes: - Esta matriz representa a dispersão da média mi de cada classe de projeção em torno do vetor médio global m0.

Matriz de Projeção do Espaço de Classificação: - Esta matriz é a projeção das projecções das faces próprias dos vectores da imagem de treino para o espaço de classificação.

$$g(\Omega) = WT. \Omega$$

É do tamanho (F x M).

Fase de teste

Vetor da imagem de teste: - A imagem em teste, será de tamanho (R x C). É também convertida num vetor de coluna única, ΓT, para representar no espaço imagem. O seu tamanho será (Q x 1).

Imagem média subtraída: - É a diferença entre a imagem de teste e a imagem média.

$$\Phi T = \Gamma T - \Psi$$

O seu tamanho também será (Q x 1).

Imagem de teste projectada: - Esta imagem de teste com subtração média é então projectada em cada um dos vectores próprios.

Matriz de peso: - É a representação da imagem de teste no espaço das faces próprias.

$$\Omega T = [\omega 1 \quad \omega 2 \quad \omega 3 \ldots\ldots\ldots \omega M']T$$

O seu tamanho é (M' x 1).

Projeção do espaço de teste de classificação: - Esta matriz é formada pela projeção da autoface do vetor da imagem de teste (ou seja, a matriz de pesos) para o espaço de classificação da mesma forma.

$$g(\Omega T) = WT . \Omega T$$

É de tamanho (F x 1).

Medida da distância: - Em seguida, a distância entre a projeção do espaço de teste de classificação e a matriz de projeção do espaço de classificação é determinada pelo cálculo da distância euclidiana.

A localização da distância euclidiana mais curta representa a classe de imagens em teste.

Resultados e discussões

Nesta secção, são apresentados os resultados das técnicas de reconhecimento de rostos, implementadas por diferentes algoritmos, e, em seguida, são comparadas as suas taxas de reconhecimento com diferentes caraterísticas PCA, também designadas por dimensões. Estes sistemas de reconhecimento facial são implementados num PC de 2,67 GHz com 3,2 GB de RAM e o software utilizado é o MATLAB versão R2010a. A base de dados de rostos foi obtida a partir da base de dados de rostos ORL e foi preparada uma base de dados interna de rostos. O sistema de reconhecimento facial é aplicado com técnicas de extração de caraterísticas, análise de componentes principais e métodos de análise discriminante linear do subespaço, para verificar o seu desempenho em duas bases de dados. Além disso, as imagens de teste são classificadas a partir das imagens de treino através da norma L1, da norma L2 e da covariância no caso da análise de componentes principais. Como a distância entre blocos de cidades está a dar bons resultados na PCA, a LDA subespacial está a ser verificada apenas por esta técnica de classificação. Os resultados serão comparados em ambas as técnicas, variando o número de imagens de teste e o número de componentes principais. Ao tomar uma imagem de teste como entrada para o sistema de reconhecimento facial, este calcula as caraterísticas baseadas na imagem no espaço facial eigen e, por conseguinte, o sistema compara esta caraterística com as caraterísticas de todas as outras imagens que foram utilizadas para o treino do sistema.

Resultados das técnicas de extração de caraterísticas

A Análise de Componentes Principais e a Análise Discriminante Linear do Subespaço serão estudadas separadamente para duas bases de dados, em condições diferentes e, por conseguinte, os seus resultados serão comparados.

Resultados do sistema baseado na análise de componentes principais para a base de dados de rostos ORL

Comparação da taxa de reconhecimento do sistema baseado na análise de componentes principais com componentes principais variáveis. A experiência é efectuada em três condições em que o número de imagens de teste é variado.

No primeiro caso, as imagens de treino são em número de 8, mas as imagens de teste são em número de 2. No segundo caso, as imagens de treino diminuíram para 7, enquanto as imagens de teste são 3 e, no terceiro caso, há 6 imagens de treino e 4 imagens de teste.

Gráfico de comparação das taxas de reconhecimento por três técnicas de classificação diferentes para o primeiro caso. De forma semelhante, comparação das taxas de reconhecimento por três técnicas de classificação diferentes para o segundo e terceiro casos.

Taxa de reconhecimento % (2 testes Taxa de reconhecimento % (3 testes Taxa de reconhecimento % (4 testes Imagens principais/pessoa) imagens/pessoa) imagens/pessoa) imagens/pessoa) Taxa de reconhecimento (%)

Base de dados de rostos ORL

Para o método de análise discriminante linear do subespaço, foram preparadas classes separadas para pessoas diferentes. Como se observa que imagens de treino elevadas dão bons resultados, também aqui, para cada pessoa, são mantidas 8 imagens nas classes de treino e 2 imagens para efeitos de teste.

Resultados do sistema baseado na análise discriminante linear subespacial para

Base de dados facial interna de fabrico próprio Foi também preparada uma base de dados interna de fabrico próprio para testar este sistema. Esta base de dados contém 9 imagens de 12 pessoas diferentes tiradas sob diferentes gestos e oclusões.

Destas 9 imagens pessoais, 6 imagens são mantidas para treino e 3 imagens são mantidas para efeitos de teste. Comparação da taxa de reconhecimento do sistema baseado na análise discriminante linear do subespaço com caraterísticas LDA variáveis para diferentes caraterísticas PCA. Pode observar-se que, com o aumento das caraterísticas LDA, a taxa de reconhecimento aumenta mas, neste caso, a taxa de reconhecimento não é a melhor para a caraterística PCA mínima.

Com base na metodologia concebida para o sistema de reconhecimento facial, são efectuadas experiências em diferentes condições e os resultados são analisados graficamente. As técnicas PCA e SLDA apresentam as melhores taxas de reconhecimento para a base de dados de rostos ORL e Selfmade Inhouse.

Neste trabalho, é desenvolvido um sistema de reconhecimento facial para combater o problema da grande base de dados. Neste trabalho, em primeiro lugar, é implementado um sistema de reconhecimento facial utilizando a análise de componentes principais e, em seguida, é utilizada a técnica de análise discriminante linear subespacial para analisar o resultado. Com base em revisões da literatura, verifica-se que a grande base de dados é um dos grandes problemas, que deve ser trabalhado, tal como em alguns sectores como os bancos, as caixas automáticas e os sistemas de segurança impostores. Para verificar o desempenho, a base de dados de rostos ORL é retirada de fonte aberta e é também desenvolvida uma base de dados de rostos interna.

Na fase inicial da experiência, a análise de componentes principais é trabalhada em diferentes condições, como 2, 3 e 4 imagens de teste por pessoa. Além disso, o reconhecimento é efectuado utilizando três técnicas de classificação diferentes, a saber, a distância euclidiana, a distância entre quarteirões e a técnica de covariância, tendo-se verificado que o cálculo da distância entre quarteirões tem o melhor desempenho em condições de imagens de treino grandes. Por conseguinte, a análise discriminante linear do subespaço é aplicada à base de dados de rostos ORL, onde a melhor taxa de reconhecimento é encontrada com o número mais elevado de caraterísticas LDA, que é de 98,75%. A SLDA, quando aplicada à base de dados interna criada pelo próprio utilizador, apresenta uma taxa de reconhecimento mais elevada de 83,33% com 11 números de caraterísticas LDA. As taxas de reconhecimento destas técnicas concebidas são melhores do que as dos métodos anteriores, o que pode ser observado. A partir destas experiências, conclui-se que a análise discriminante linear subespacial está a dar taxas de reconhecimento mais elevadas em comparação com a análise de componentes principais. Com o aumento da caraterística LDA, ou seja, diminuindo a dispersão dentro da classe e aumentando a dispersão entre classes, a taxa de reconhecimento aumenta. Também para uma grande base de dados, a Subspace LDA está a dar bons resultados com a diminuição das caraterísticas da PCA. Isto significa que a dimensão da matriz de caraterísticas não deve ser muito grande se a SLDA estiver a ser utilizada.

Tal como mencionado após a pesquisa bibliográfica, o envelhecimento, a variação da expressão, a oclusão e as rotações da cabeça são alguns dos outros desafios que se colocam a um sistema automático de reconhecimento facial, pelo que o sistema deve ser concebido tendo também em conta estes parâmetros. A técnica de extração de caraterísticas baseada na imagem proposta não pode ser utilizada num sistema baseado em caraterísticas faciais, em que é necessário localizar caraterísticas faciais como os olhos, o nariz e as orelhas. Existem mais algumas bases de dados, que são muito maiores e onde as imagens são obtidas em condições muito complexas. Devem também ser utilizadas para verificar a eficácia do sistema concebido. Também se pode utilizar uma base de dados de vídeo em direto, onde o rastreio e a deteção do rosto são efectuados antes da identificação.

Capítulo 3

Análise de dados da Web

3. Introdução

3.1 Introdução à extração de dados na Web

Nos últimos anos, o crescimento da World Wide Web excedeu todas as expectativas. Atualmente, existem vários milhares de milhões de documentos HTML, imagens e outros ficheiros multimédia disponíveis na Internet e o número continua a aumentar. Mas, tendo em conta a impressionante variedade da Web, a recuperação de conteúdos interessantes tornou-se uma tarefa muito difícil. A extração de dados na Web consiste na utilização de técnicas de extração de dados para extrair informações de documentos e serviços da Web. Dada a grande quantidade de documentos disponíveis na Web, uma das tarefas mais comuns realizadas na Web é a classificação de documentos numa ou mais categorias. Por exemplo, esta tarefa é essencial em aplicações que têm de catalogar artigos de notícias, ordenar e filtrar correio eletrónico, recomendar filmes ou música ou efetuar pesquisas. Neste documento, utilizamos ambos como sinónimos, uma vez que um problema de categorização pode ser resolvido por vários classificadores. A abordagem mais simples para a categorização de documentos Web é ter em conta apenas a parte textual dos mesmos. A ideia básica é classificar um documento como sendo da classe c se certas palavras relevantes para a definição de c estiverem presentes no documento.

No entanto, os documentos Web são mais do que apenas texto simples e a informação contida noutras partes, como as hiperligações, também pode ser relevante para o processo de categorização. Por exemplo, se estivermos a classificar notícias desportivas, é possível obter uma classificação mais precisa se o nosso classificador considerar que uma notícia desportiva contém palavras como equipa, jogo ou estádio, ou contém ligações a outras notícias desportivas. Por conseguinte, a investigação recente resolve este problema através da fusão de ideias da extração de conteúdos da Web e da extração de estruturas da Web. Por exemplo, anexa o texto das hiperligações ao texto da página de destino. Considera o texto de uma página Web conjuntamente com o texto e a categoria das suas páginas vizinhas. Algumas outras abordagens são capazes de tratar tanto os componentes de texto nas páginas como as ligações entre elas, tais como.

Propomos uma nova abordagem ao problema da classificação da Web que integra tanto o conteúdo como a estrutura das páginas Web, utilizando tipos de dados estruturados para representar cada componente ou caraterística de contexto encontrada nas páginas. Esta evidência é depois utilizada por um algoritmo de árvore de decisão baseado na distância (DBDT), em que o critério de divisão é definido por meio de condições métricas. Mostramos a viabilidade do método aplicando-o a um exemplo simples de classificação da Web e discutimos como as condições métricas podem ser expressas numa forma equivalente mas compreensível.

- A Web é a maior fonte de dados do mundo

- Devido à heterogeneidade e à falta de estrutura dos dados da Web, a extração é uma tarefa difícil

| | Domínio multidisciplinar:- Exploração de dados, aprendizagem automática, processamento de linguagem natural, estatística, bases de dados, recuperação de informação, multimédia, etc.

3.2 Decomposição do Web mining:

1. Pesquisa de recursos: a tarefa de recuperar documentos Web pretendidos.

2. Seleção e pré-processamento da informação: seleção e pré-processamento automáticos informações específicas a partir de recursos Web recuperados.

3. Generalização: descobre automaticamente padrões gerais em sítios Web individuais, bem como
como em vários sítios.

4. Análise: validação e/ou interpretação dos padrões extraídos.

3.3 Classificação da extração de dados da Web

A extração de dados na Web é constituída basicamente por três tipos: -

3.3.1. Extração de conteúdos da Web

3.3.2. Extração de estruturas da Web

3.3.3. Exploração da utilização da Web

3.3.4. **Exploração de conteúdos Web**

Trata-se de descobrir informações ou conhecimentos úteis a partir do conteúdo de páginas Web. a) A extração de conteúdos Web pode ser considerada como o alargamento do trabalho realizado pelos motores de pesquisa básicos A extração de conteúdos Web analisa o conteúdo dos recursos Web. Os recentes avanços na extração de dados multimédia prometem alargar o acesso também aos conteúdos de imagem, som, vídeo, etc. dos recursos Web. Os principais recursos da Web que são explorados na extração de conteúdos da Web são as páginas individuais. A recuperação de informação é uma das áreas de investigação que fornece uma gama de métodos populares e eficazes, na sua maioria estatísticos, para a extração de conteúdos da Web. Estes métodos podem ser utilizados para agrupar, categorizar, analisar e recuperar documentos. Exploração de estruturas internas Exploração de URLs Exploração de padrões de acesso geral Exploração de utilizações personalizadas Uma vez que não é possível anotar manualmente as imagens na Internet. Assim, as imagens da Web não são normalmente bem anotadas utilizando descritores semânticos. Devido à multiplicidade de conteúdos numa única imagem e à subjetividade da perceção humana, é difícil que diferentes utilizadores compreendam exatamente a mesma imagem. Estes problemas limitaram a aplicação das ferramentas de recuperação de imagens baseadas em palavras-chave e também os métodos tradicionais baseados em texto não conseguiram lidar com a carga explosiva de imagens, pelo que nasceu o conceito de recuperação de imagens baseada em conteúdos. A recuperação de imagens com base em conteúdos (CBIR) tenta automatizar o processo de indexação ou anotação de imagens em bases de dados de imagens. A recuperação de imagens com base no conteúdo utiliza os conteúdos visuais de uma imagem, como a cor, a forma, a textura e a disposição espacial, para representar e indexar uma imagem. Estes conteúdos visuais são extraídos utilizando vectores de caraterísticas multidimensionais e depois indexados numa base de dados. Quando uma imagem é dada como consulta de entrada para recuperação, os seus vectores de caraterísticas são extraídos e, em seguida, as imagens com vectores de caraterísticas semelhantes são recuperadas da base de dados por comparação. O esquema de indexação proporciona uma forma eficiente de recuperar imagens da base de dados. Um dos principais estrangulamentos nos sistemas de recuperação de imagens com base no conteúdo (CBIR) ou nos motores de busca é a grande diferença entre as caraterísticas de imagem de baixo nível, como os histogramas de cor utilizados para indexar imagens, e o conteúdo semântico de alto nível das imagens, a subjetividade humana. Para reduzir o fosso entre as caraterísticas de imagem de baixo nível utilizadas para indexar imagens e o conteúdo semântico de alto nível das imagens em sistemas de recuperação de imagens baseadas em conteúdos (CBIR) ou motores de pesquisa, sugere-se a aplicação da técnica de feedback de relevância para refinar a consulta ou as medidas de semelhança no processo de pesquisa de imagens.

Devido à natureza de aprendizagem e pesquisa de cada algoritmo de feedback de relevância na CBIR, trata-se de um problema de aprendizagem automática, ou seja, um programa de computador que melhora automaticamente com a experiência. Neste caso, um utilizador fornece exemplos de feedback dos resultados da recuperação de uma consulta e o sistema aprende com esses exemplos a aperfeiçoar os resultados da recuperação. No CBIR, o feedback de relevância é uma tarefa para melhorar o desempenho da recuperação e a experiência neste caso são os exemplos de feedback fornecidos pelos utilizadores. Os autores apresentaram um quadro de feedback de relevância e de aprendizagem semântica em que as caraterísticas de baixo nível e a explicação das palavras-chave são integradas na recuperação de imagens e nos processos de feedback para melhorar o desempenho da recuperação e a eficácia do sistema de informação. No início, a maioria das abordagens efectuava o feedback de relevância nas caraterísticas de baixo nível, substituindo basicamente as palavras-chave por caraterísticas para a recuperação de documentos. A utilização apenas de caraterísticas de baixo nível pode não ser eficaz para representar as reacções dos utilizadores e comunicar as suas intenções. O utilizador pode interagir com o sistema de recuperação de imagens de duas formas. Na primeira, o utilizador digita uma lista de palavras-chave que representam o conteúdo semântico das imagens preferidas. Na segunda, o utilizador fornece um conjunto de imagens de exemplo como entrada e o sistema de recuperação recupera outras imagens análogas. Os autores aproveitaram a vantagem de combinar estas duas abordagens para melhorar a precisão da recuperação e a facilidade de utilização do sistema.

Uma estrutura CBIR com feedback de relevância integrado e expansão de consultas consiste nas seguintes etapas

1. Consiste numa rede semântica que liga imagens a anotações semânticas numa base de dados, uma medida de semelhança que integra caraterísticas semânticas e caraterísticas da imagem e um algoritmo de aprendizagem automática para atualizar iterativamente a

2. O sistema suporta tanto a consulta por palavra-chave como a consulta por exemplo de imagem através da semântica
rede e indexação de caraterísticas de baixo nível. Atualizar a consulta e a semelhança com base no feedback de relevância do utilizador

Para melhorar ainda mais o desempenho de recuperação do quadro proposto, é apoiado um método de expansão de consultas de modalidade cruzada. Ou seja, quando uma consulta é apresentada sob a forma de palavras-chave, as imagens recuperadas com base na pesquisa de palavras-chave são consideradas como exemplos positivos, com base nos quais a consulta é expandida pelas caraterísticas dessas imagens. Depois, as caraterísticas visuais das imagens que contêm essas palavras-chave são incorporadas na consulta expandida. Quanto mais imagens forem anotadas corretamente, melhor será o desempenho de recuperação do sistema. No entanto, a realidade é que a etiquetagem humana de imagens é fastidiosa e dispendiosa, pelo que não é uma solução viável. Para resolver este problema, um esquema probabilístico de propagação progressiva de palavras-chave é a estrutura para anotar automaticamente imagens nas bases de dados no processo de feedback de relevância, utilizando uma pequena percentagem de imagens anotadas. Suponha-se que, inicialmente, apenas algumas imagens de uma base de dados foram etiquetadas manualmente com palavras-chave e que a recuperação é efectuada principalmente com base em caraterísticas de baixo nível. A anotação inicial de palavras-chave pode ser feita a partir da Web, através do rastreador, quando as imagens são da Web, ou rotuladas por humanos. Enquanto o utilizador interage com o sistema fornecendo feedbacks numa sessão de consulta, é ativado um processo de aprendizagem progressiva para propagar a anotação de palavras-chave das imagens etiquetadas para imagens não etiquetadas, de modo a que cada vez mais imagens sejam implicitamente etiquetadas por palavras-chave. Desta forma, a rede semântica é actualizada e as palavras-chave com uma maioria de consenso dos utilizadores emergem como a representação dominante do conteúdo semântico das suas imagens associadas. Desenvolveram um protótipo de sistema com melhor desempenho do que as abordagens tradicionais. As opções de pesquisa que o I Find suporta incluem pesquisa baseada em palavras-chave, consulta por exemplo, feedback de relevância e extração de registos. A natureza dinâmica e a dimensão da Internet podem resultar em dificuldades para encontrar informações relevantes. A maioria dos utilizadores exprime normalmente as suas necessidades de informação através de consultas curtas aos motores de pesquisa e, muitas vezes, têm de analisar fisicamente os resultados da pesquisa com base na classificação de relevância definida pelos motores de pesquisa, o que torna o processo de avaliação da relevância moroso. descrevem uma nova técnica de representação que utiliza a estrutura da Web juntamente com técnicas de resumo para melhor representar o conhecimento em documentos Web reais. Designaram a técnica proposta por Documento Virtual Semântico (SVD). O SVD pode ser utilizado em conjunto com um algoritmo de agrupamento adequado para obter uma categorização automática baseada no conteúdo de documentos Web semelhantes. Esta técnica permite uma classificação automática de documentos Web baseada no conteúdo, bem como uma interface gráfica de utilizador em forma de árvore para navegação pós-recuperação de documentos, o que melhora o processo de avaliação da relevância para os utilizadores da Internet.

Introduzem também uma técnica de expansão automática de consultas baseada em clusters para interpretar com exatidão as consultas curtas. Apresentam um protótipo de Pesquisa Inteligente e Revisão da Hierarquia de Agregados para a extração de conteúdos da Web. Tipicamente, os motores de pesquisa são pouco precisos na resposta a uma consulta, recuperando muitas páginas Web inúteis e perdendo outras importantes. Ricardo Campos estudou o problema do agrupamento hierárquico da Web e propôs uma arquitetura de um motor de metapesquisa chamado WISE que constrói automaticamente agrupamentos de páginas Web relacionadas que incorporam um significado da consulta. Estes agrupamentos são depois organizados hierarquicamente e rotulados com uma frase que representa o conceito-chave do agrupamento e os documentos Web correspondentes. A exploração do registo de consultas dos motores de busca é um novo método para avaliar a estrutura das ligações e a arquitetura da informação de um sítio Web. Em primeiro lugar, todas as consultas e URLs clicados correspondentes a um determinado sítio Web são recolhidos de um registo de consultas como um gráfico bipartido, um lado para as consultas e o outro para os URLs. Em seguida, é aplicado um novo agrupamento sem conteúdo para agrupar simultaneamente as consultas e os URL. Posteriormente, com base na entropia da informação, os grupos de URLs e de consultas serão utilizados para avaliar a estrutura das ligações e a arquitetura da informação, respetivamente.

Definiu a Recuperação de Imagens com Base no Conteúdo Localizado como uma tarefa CBIR em que o utilizador só está interessado numa parte da imagem e o resto da imagem é irrelevante e apresentou um sistema CBIR localizado, ACCIO!, que utiliza imagens rotuladas em conjunto com um algoritmo de aprendizagem de múltiplas instâncias para identificar primeiro o objeto desejado e ponderar as caraterísticas em conformidade e, em seguida, classificar as imagens na base de dados utilizando uma medida de semelhança que se baseia apenas nas partes relevantes da imagem. A maior parte dos algoritmos de extração de dados da Web existentes concentrou-se em encontrar padrões frequentes, negligenciando os menos frequentes, que são susceptíveis de conter dados aberrantes, como ruído, dados irrelevantes e redundantes. A recuperação de conteúdos relevantes da Web é uma tarefa muito comum. Por conseguinte, é necessário desenvolver ferramentas mais fáceis de utilizar e automatizadas para fornecer rapidamente informações relevantes e melhorar os resultados da extração de conteúdos da Web através da deteção e eliminação de ligações redundantes. Trata-se de um desafio importante na investigação sobre a extração de conteúdos da Web.

3.3.5. Extração de estruturas da Web - Trata-se de descobrir e modelar a estrutura de ligações da Web. As ferramentas de recuperação de informação da Web utilizam apenas o texto disponível nas páginas Web, ignorando a informação valiosa contida nas ligações da Web. A extração de estruturas da Web tem como objetivo gerar um resumo estrutural sobre sítios e páginas Web. O foco principal da extração de estruturas da Web é a informação sobre as ligações. Os sacos Web podem ser utilizados para descobrir documentos Web visíveis, documentos Web luminosos e caminhos luminosos que a maioria dos motores de busca não consegue descobrir, por exemplo, se uma nova empresa quiser fazer uma análise dos seus sítios Web que apresentam produtos para compra? Descobrindo a visibilidade do seu sítio Web em relação a outros sítios Web de venda. Para esses produtos relacionados, a empresa pode encontrar formas de redesenhar o seu sítio Web para melhorar a visibilidade. Por exemplo, se um sítio Web vende monitores de PC, deve fornecer ligações a sítios Web que vendem CPU. Assim, se um sítio Web constata que a sua visibilidade é inferior à de outros sítios Web que vendem CPU, então o sítio Web precisa de melhorar em termos de design e de produtos. Através de um algoritmo original para análise de hiperligações, denominado HITS, introduziu os conceitos de hubs e autoridades. Desenvolveu um conjunto de ferramentas algorítmicas para extrair informações das estruturas de ligações desses ambientes e relatou experiências que demonstram a sua eficácia numa variedade de contextos na World Wide Web.

A principal questão que abordaram no seu quadro é o refinamento de tópicos de pesquisa abrangentes, através da descoberta de fontes de informação "autorizadas" sobre esses tópicos. descreveram que a Web pode ser vista como um grafo direcionado cujos nós são os documentos e as arestas são as hiperligações entre eles e exploraram a estrutura gráfica da World Wide Web para melhorar o desempenho da recuperação e a precisão da classificação. Muitos motores de pesquisa utilizam as propriedades dos grafos para classificar os resultados das suas consultas. O crescimento contínuo da dimensão e da utilização da Internet está a criar dificuldades na pesquisa de informações. Com base no comportamento de navegação dos utilizadores, desenvolveram o LOGSOM, um sistema que utiliza o SOM para organizar páginas Web num mapa bidimensional. O mapa fornece uma ferramenta de navegação significativa e serve como ferramenta visual para compreender melhor a estrutura do sítio Web e os comportamentos de navegação dos utilizadores da Web. À medida que a dimensão e a complexidade dos sítios Web aumentam drasticamente, torna-se cada vez mais difícil conceber sítios Web em que os internautas possam encontrar facilmente as informações que procuram. Tentam maximizar a eficiência, a eficácia e a utilização da página do portal de um sítio Web, selecionando um número limitado de hiperligações de um grande conjunto para inclusão numa página do portal. Em vez de agrupar os padrões de navegação dos utilizadores através de uma medida de distância euclidiana, utilizam o método de alinhamento de sequências para dividir os utilizadores em grupos, de acordo com a ordem em que as páginas Web são solicitadas e os diferentes comprimentos das sequências de agrupamento. Validam o SAM através de dados de tráfego de utilizadores de dois sítios Web diferentes e os resultados mostram que o SAM identifica sequências com padrões de comportamento semelhantes.

Para satisfazer a necessidade de um método evolutivo e organizado para armazenar referências a objectos Web, conceber uma nova estrutura de marcadores que permita a indivíduos ou grupos aceder aos marcadores a partir de qualquer ponto da Internet, utilizando um navegador Web compatível com Java. Propuseram um protótipo para incluir mais funcionalidades.

Tais como o URL, o tipo de documento, o título do documento, as palavras-chave, a data de adição, a data da última visita e a data da última modificação, à medida que partilham os marcadores entre grupos de utilizadores, consideram a topologia de um sítio Web como um gráfico dirigido e extraem padrões de navegação na Web para o comércio eletrónico. O seu algoritmo de identificação de caminhos de acesso frequentes não se baseia na extração de sequências. Os HITS são um dos algoritmos mais influentes do WSM.c Mostraram a equivalência entre os HITS e a análise de componentes principais, uma técnica bem conhecida de redução da dimensionalidade.

Investigaram a utilização de várias técnicas de redução da dimensionalidade (DRT) para extrair as estruturas implícitas escondidas na conetividade das hiperligações da Web. E analisaram quatro técnicas de redução de dimensionalidade que são a análise de componentes principais (PCA), a factorização de matrizes não negativas (NMF), a análise de componentes independentes (ICA) e a projeção aleatória (RP) para a tarefa de extração de estruturas da Web. Realizaram experiências em conjuntos de dados e mostraram que a factorização de matrizes não negativas é uma abordagem promissora para a análise da estrutura da Web devido à sua superioridade em relação aos outros métodos. Para além da classificação de pesquisa, as hiperligações também são úteis para encontrar comunidades Web. Uma comunidade Web é um conjunto de páginas Web que se centram num determinado tópico ou tema. A maioria das abordagens de extração de comunidades baseia-se no pressuposto de que cada membro de uma comunidade tem mais hiperligações dentro do que fora da sua comunidade. Neste contexto, muitos algoritmos de agrupamento de grafos podem ser utilizados para extrair a estrutura da comunidade de um grafo, uma vez que adoptam o mesmo pressuposto, ou seja, assumem que um agrupamento é um subconjunto de vértices tal que, para todos os seus vértices, o número de ligações que ligam um vértice ao seu agrupamento é superior ao número de ligações que ligam o vértice fora do seu agrupamento.

A extração de estruturas da Web desempenha um papel vital com várias vantagens, incluindo uma resposta rápida aos utilizadores da Web e a redução de muitas transacções HTTP entre os utilizadores e o servidor. Esperamos que o estudo acima sobre a extração de estruturas da Web possa fornecer informações úteis relacionadas com questões de conhecimento na Web.

3.3.6. Web Usages Mining- Trata-se de compreender o comportamento do utilizador na interação com a Web ou com um sítio Web. Um dos objectivos é obter informações que possam ajudar a reorganizar o sítio Web ou a adaptá-lo para melhor se adequar ao utilizador. O modelo de exploração mineira da utilização da Web é um tipo de exploração mineira dos registos do servidor e o seu objetivo é obter informações úteis sobre o acesso dos utilizadores nos registos para que os sítios possam aperfeiçoar-se de acordo com os requisitos dos utilizadores, servir melhor os utilizadores e obter mais benefícios económicos. Existem vários estudos sobre a extração de dados de utilização da Web, bem como muitas ferramentas de análise de registos da Web disponíveis para extrair dados de registos de páginas Web. O registo de log contém muitas informações úteis, como o URL, o endereço IP e a hora, entre outras. Analisar e descobrir o registo pode ajudar as organizações a encontrar mais clientes potenciais, a popularidade das páginas que podem ajudar a reorganizar o sítio Web para um acesso rápido e fácil dos clientes, a melhorar as ligações e a navegação, a atrair mais capital publicitário através de anúncios inteligentes, a transformar os espectadores em clientes através de uma melhor arquitetura do sítio e a monitorizar a eficiência do sítio Web.

A maioria dos dados utilizados para extração de dados é recolhida de servidores Web, clientes, servidores proxy ou bases de dados de servidores, todos eles produzindo dados com ruído. Como a exploração mineira da Web é sensível ao ruído, são necessários métodos de limpeza de dados. categoriza o pré-processamento de dados em subtarefas e refere que o resultado final do pré-processamento deve ser dados que permitam identificar o padrão de navegação de um determinado utilizador sob a forma de visualizações de páginas, sessões e fluxos de cliques. Os fluxos de cliques são de particular interesse porque permitem a reconstrução dos padrões de navegação do utilizador. Os modelos de Markov têm sido amplamente utilizados para modelar os comportamentos de navegação dos utilizadores da Web em sítios Web. Propôs um algoritmo de agrupamento chamado Citation Cluster para agrupar páginas concetualmente relacionadas. Os resultados do agrupamento são utilizados para construir uma hierarquia concetual do sítio Web. A previsão de ligações baseada no modelo de Markov é integrada na hierarquia para ajudar os utilizadores a navegar no sítio Web.

Sítio Web. Nos últimos seis anos, a recolha de sessões de navegação do utilizador foi apresentada sob a forma de muitos modelos, como a Gramática Probabilística de Hipertexto (HPG), o modelo N-Gram e o modelo de morkov baseado em agrupamento dinâmico. A árvore de padrões de acesso à Web (WAP-tree) armazena as sequências de acesso altamente comprimidas, e a extração de sequências de acesso frequentes com base na WAP-tree só precisa de analisar a base de dados de transacções duas vezes. No entanto, a produção repetida da árvore WAP condicional no algoritmo influencia a eficiência num certo grau. Considerando a escassez de árvores WAP, combinada com a necessidade de extrair o máximo de sequências de acesso, melhora-se a árvore WAP e introduz-se uma subestrutura de árvore restrita para resolver o problema da construção de uma grande quantidade de árvores WAP condicionais no algoritmo tradicional. Muitos investigadores desenvolveram algoritmos de extração da utilização da Web (WUM) utilizando registos de log da Web para descobrir conhecimentos úteis a utilizar no apoio a aplicações comerciais e na tomada de decisões. No entanto, a qualidade da WUM na descoberta de conhecimentos depende tanto do algoritmo como dos dados. Explora uma nova fonte de dados denominada dados de navegação intencional (IBD) para melhorar potencialmente a eficácia das aplicações WUM. Os IBD são uma categoria

2. Árvores de decisão baseadas na distância: - definimos um método de aprendizagem denominado Árvores de decisão baseadas na distância (DBDT). Esta proposta baseia-se na utilização de protótipos e distâncias para definir as partições da árvore de decisão, em vez de utilizar valores. A nossa estratégia de inferência da árvore de decisão é uma modificação do método de divisão central que consiste em calcular o centróide da instância utilizando todos os atributos ao mesmo tempo. A divisão será efectuada de forma semelhante à divisão central, mas tendo apenas em conta as distâncias e a distribuição das classes do atributo selecionado. Como habitualmente, um atributo será selecionado em função de uma função heurística. O resultado desta adaptação da divisão central não é muito diferente das árvores de decisão clássicas, quando os atributos são nominais e numéricos, mas no nosso caso, podemos lidar com dados que contêm atributos estruturados, como conjuntos, listas ou árvores.

3. Exemplo de DBDT:-

Vamos ilustrar como o algoritmo DBDT pode ser aplicado a categorias de webs. Consideremos que um utilizador está interessado em ler notícias desportivas da Internet utilizando um motor de pesquisa. Este motor de pesquisa deve "decidir" automaticamente quais os documentos disponíveis que correspondem aos parâmetros de pesquisa. Assim, esta tarefa pode ser tratada como um problema de classificação de duas classes. Primeiro, analisamos a informação encontrada nas páginas Web e escolhemos um tipo de dados para a representar:

3.1. Estrutura: - intuitivamente, o tipo de dados estruturados que melhor se adequa à representação da estrutura da Web é um grafo. No entanto, um grafo é uma estrutura realmente complexa e o seu processamento (embora possível com o nosso método) é muito dispendioso. Assim, utilizaremos uma abordagem mais simples: representaremos um grafo como um conjunto de pares ordenados em que cada nó codifica um par de páginas ligadas. De seguida, temos de definir uma função métrica associada a este atributo. Por uma questão de brevidade, utilizamos a conhecida diferença simétrica entre conjuntos como função métrica. Este atributo é referido no exemplo como Estrutura.

3.2. Conteúdo: - Tradicionalmente, esta informação é representada como um saco ou um vetor de palavras. Uma melhor abordagem consiste em discriminar esta informação em vários atributos, que podem representar as palavras principais, as palavras-chave, o título, etc. Todos estes atributos podem ser vistos como conjuntos ou listas de palavras, e foram definidas várias funções de distância para estes tipos. No nosso exemplo, consideramos apenas um atributo que reage a todo o conteúdo (Conteúdo).

3.3. Utilização da Web: - Entendemos por informação de utilização da Web a informação derivada da ligação HTTP a um servidor Web (a data e a hora das ligações, o número diário de ligações, etc.). Todos estes dados podem ser codificados por meio de atributos nominais ou numéricos. Para estes tipos, podemos utilizar a métrica discreta ou a diferença de valor absoluto, respetivamente. No nosso exemplo, vamos considerar apenas o número de ligações diárias (Ligações). O passo seguinte consiste em inferir um classificador, treinando um modelo a partir de um conjunto de dados processados que contém informações recolhidas de algumas páginas Web, como as incluídas na tabela seguinte:

O atributo Structure, f([Olympics, games],[swim]),([swim],[win]),([win],[medal])g é interpretado da seguinte forma. O primeiro componente da lista representa as palavras \Olimpics\ e \games\ que aparecem como palavras-chave numa página Web. Esta página liga a outra que tem \natação" como única palavra-chave. O raciocínio mantém-se para a segunda e terceira componentes do conjunto. Se aplicarmos o algoritmo DBDT, verificamos que o primeiro atributo a ser selecionado é Conteúdo. Iterando o processo, os atributos Estrutura e Ligações são utilizados para dividir os nós de primeiro nível da esquerda e da direita, respetivamente. Finalmente, os novos nós obtidos são puros e o processo pára, obtendo-se a árvore de decisão baseada na distância.

Se interpretarmos as condições em termos de condições sobre os atributos, podemos obter um modelo transformado contendo regras como esta:

SE no Conteúdo aparecer a palavra "futebol" e na Estrutura puderem ser encontradas as ligações f([futebol],[jogo]),([jogo],[equipa, jogadores])g ENTÃO este sítio Web é um sítio Web de meios de comunicação desportivos.

Apresentámos uma nova proposta para a categorização da Web. Pode ser vista como uma estrutura de categorização da Web geral e comestível que é potencialmente capaz de lidar com qualquer tipo de informação de uma forma uniforme, ou seja, sem ter em conta as diferenças entre elas. O único requisito é a definição de um espaço métrico adequado associado a cada tipo de dados utilizado para representar a informação da Web.

Capítulo 4

Análise de dados da Web utilizando técnicas de extração de dados

4. Introdução

A navegação e a pesquisa podem ser consideradas como os dois principais modelos para encontrar dados adequados na Web. A maioria dos utilizadores da Web utiliza frequentemente o navegador Web para se orientar num sítio Web, começando pela página inicial ou por uma página Web encontrada através de um motor de busca ou ligada a outro sítio Web. Isto é depois sucedido por hiperligações relevantes na página inicial e nas páginas seguintes, até chegarem à informação adequada. Normalmente, a opção de pesquisa fornecida no sítio Web é utilizada para acelerar a pesquisa de dados. No caso de um sítio Web que contenha um grande número de páginas Web e de hiperligações entre elas, tais manobras não justificam a necessidade de os utilizadores recolherem informação. No entanto, a rapidez na explosão de informação na Web não é sem consequências. Os utilizadores dispõem de muitos sítios Web que são estáticos por natureza e têm por objetivo transmitir informações para obterem dados corretos que satisfaçam as suas necessidades, sem qualquer governação oficial dos sítios Web. Os sítios Web estáticos têm certas vantagens e desvantagens. As vantagens podem ser contadas da seguinte forma: são baratos e fáceis de criar e, muitas vezes, desenvolvidos para satisfazer as necessidades dos programadores e não as do utilizador. A maior desvantagem dos sítios Web é que as informações neles contidas são fixas aquando da publicação e não podem ser alteradas até que o programador decida publicar uma versão mais recente do sítio Web, o que exige competências profissionais, aumentando assim o custo de manutenção. Além disso, diferentes utilizadores têm preferências diferentes em relação aos dados contidos num sítio Web. Assim, aumenta a necessidade de sítios Web inteligentes para satisfazer as expectativas dos utilizadores no sentido de encontrarem a informação adequada.

A aplicação de técnicas de extração de dados em recursos Web para encontrar padrões na Web é designada por extração Web. Os recursos disponíveis na Web são principalmente de três tipos, nomeadamente dados de utilização, dados de conteúdo e dados de estrutura. A extração de dados da Web pode ser classificada em três partes principais: a primeira é a extração de dados de utilização da Web; a segunda é a extração de dados de conteúdo da Web e a última é a extração de dados de estrutura da Web. Uma fonte comum de dados de utilização são os registos do servidor Web, que são dados textuais reunidos pelos servidores e enriquecidos com informações sobre o comportamento de navegação dos utilizadores e estatísticas de utilização do sítio Web. Trata-se de um enorme armazém de actividades dos utilizadores num sítio Web, registadas pelo servidor Web. A extração de dados sobre a utilização da Web aplica técnicas de extração de dados a este repositório para descobrir conhecimentos úteis sobre o comportamento dos utilizadores num sítio Web. Este conhecimento das aplicações Web pode ser utilizado para encontrar um caminho através do sítio Web e indicar ligações populares aos utilizadores. Os dados de conteúdo da Web consistem em informações textuais do documento que são altamente desestruturadas e variáveis nos sítios Web. Por outro lado, os registos da Web têm um conjunto fixo de campos de dados que são utilizados para interpretar os dados, mas não existe um invólucro de indicação tão preciso para representar o conteúdo de um documento. As técnicas de extração de dados, quando aplicadas ao conteúdo de um documento para determinar informações como as relações tópicas entre documentos num sítio Web, são utilizadas para a extração de conteúdo Web. Esta informação pode ainda ser utilizada para gerar uma hierarquia de tópicos dos documentos de um sítio Web, de modo a reconhecer e identificar documentos equivalentes às necessidades do utilizador. Os dados da estrutura da Web significam hiperligações que interligam o grupo de documentos num sítio Web, tendo cada um deles um certo número de hiperligações de saída e de entrada. Uma ligação entre dois documentos num sítio Web sugere que os documentos podem estar relacionados e podem conter informações relevantes. As técnicas de prospeção de dados são implementadas na prospeção da estrutura da rede de hiperligações para extrair informações utilizadas para vários fins, por exemplo, a pesquisa na Web.

O passo mais primitivo em direção aos sítios Web inteligentes foi a personalização, que envolveu a alteração da interface e dos conteúdos de um sítio Web de acordo com as necessidades do utilizador. A categorização é feita pedindo aos utilizadores que escolham de entre um conjunto de categorias de interesse predefinidas, preenchendo manualmente um formulário, por exemplo: Yahoo. A desvantagem desta abordagem é que consome muito tempo e necessita de manter os perfis dos utilizadores actualizados, caso contrário estes permanecerão estáticos. A personalização de sítios Web resolve este problema através da definição automatizada de perfis de utilizadores, que consiste em compreender os métodos de definição de perfis de utilizadores para garantir a predileção de um utilizador num sítio Web. Por outro lado, a personalização utiliza técnicas de exploração da Web para criar involuntariamente o perfil de um utilizador a partir de registos da Web para converter informações num documento do utilizador. Seguiram-se os sistemas de recomendação, que são aplicações Web que utilizam técnicas de exploração da utilização da Web em registos Web para apresentar recomendações personalizadas sobre informações apelativas num sítio Web. Estas recomendações podem ser simples, como a indicação de ligações populares num sítio Web, ou podem ser abordagens complexas, como a proposta de ligações a documentos relacionados com uma necessidade do utilizador. Uma grande parte das dificuldades enfrentadas pelos utilizadores da Web é a incapacidade de encontrar os documentos adequados ou a complexidade da navegação num sítio Web. Estes problemas são causados por uma má conceção do sítio Web ou por uma forma imprevista que viola a sua função original.

Os autores desafiaram a comunidade de IA a lidar com este problema através do aparecimento de sítios Web adaptativos, que podem ser definidos como sítios que recuperam involuntariamente a sua organização e disposição, adquirindo conhecimentos a partir dos padrões de acesso dos visitantes. Isto provocou o início da expansão de sítios Web adaptáveis que se concentram na modelação do sítio Web com base nas necessidades do utilizador, em vez de sítios Web inteligentes que modelam os utilizadores. A chave para a criação de tais sítios Web adaptáveis é a abordagem de transformação que envolve a introdução de alterações nas bases do design de um sítio Web utilizando a informação obtida a partir dos registos da Web.

Com a utilização de técnicas de extração de dados da Web, três tipos de estudo evoluíram para a tecnologia da Web. Sempre que os visitantes navegam num sítio Web, deixam atrás de si rastos que indicam a área mais percorrida num sítio Web, o que nos orienta e motiva a descobrir mais meios de extrair registos da Web para obter padrões de acesso colectivos dos utilizadores. No entanto, esta tarefa tem sido executada com recurso a uma matriz de cadeias de caracteres, mas pretendemos realizá-la com recurso a uma tabela de hash, que é mais rápida em termos de comodidade e desempenho.

A prospeção de dados na Web pode ser considerada uma extensão importante da prospeção de dados, na qual a tecnologia incorporada provém de diversos domínios de investigação, incluindo a linguística computacional, a estatística, a informática, a inteligência artificial (IA) e a descoberta de conhecimentos. A extração de dados da Web foi dividida em três categorias: extração de conteúdos da Web, extração de estruturas da Web e extração de utilizações da Web.

A extração de conteúdos da Web inclui a extração de conteúdos de dados da Web que variam entre documentos baseados em HTML e documentos baseados em XML encontrados nos servidores Web e a extração de dados e informações da fonte de dados. Inclui duas áreas de domínio: Extração de conteúdos de páginas Web e extração de resultados de pesquisa. Os dados de conteúdo são equivalentes, em termos funcionais, à compilação de factos de uma página Web preparada para transmitir vídeo ou registos estruturados, como listas e tabelas. A extração de texto relevante para o conteúdo da Web tem sido amplamente investigada, abordando questões como a descoberta de tópicos, a extração de padrões de associação, o agrupamento de documentos da Web e a classificação de páginas da Web. O resultado da pesquisa mineira pode ser descrito como a expansão do âmbito do trabalho realizado pelo motor de pesquisa básico, que vai além da tecnologia básica de recuperação de informação (RI), fazendo avançar os motores de pesquisa convencionais através de técnicas como hierarquias de conceitos e sinónimos, perfis de utilizadores e análise das ligações entre páginas.

O Web Structures Mining é utilizado para determinar o modelo causal das estruturas de ligação da Web e é ainda classificado em dois tipos com base nos dados estruturais utilizados.

1. Hiperligações: Uma ligação de um ficheiro ou documento de hipertexto para outro local ou ficheiro, normalmente
ativado ao clicar numa palavra ou imagem destacada. Uma Hiperligação Intra-Documento é descrita como uma unidade estrutural que liga uma página Web.

2. Estrutura do documento: Ao acumular o conteúdo de uma página Web, é criada uma estrutura em árvore
pode ser organizado com base nas várias etiquetas HTML e XML da página. Os esforços de exploração mineira têm estado sempre atentos à expansão involuntária do âmbito das estruturas do modelo de objeto de documento (DOM) para fora dos documentos.

As aplicações de extração de estruturas da Web foram demonstradas através da utilização de registos de servidores de portais educativos. Neste caso, tanto a extração de conteúdos como a extração de estruturas utilizam dados primários da Web. A extração de dados sobre a utilização da Web visa a deteção de padrões significativos a partir de dados recebidos de transacções cliente-servidor no servidor Web, a fim de rever as actividades de navegação e os padrões de acesso dos visitantes do sítio Web. Os dados provenientes dos registos de acesso ao servidor Web, dos registos do servidor proxy e dos registos do programa de navegação foram considerados dados de utilização da Web, que incluem perfis de utilizadores, registo de ficheiros, transacções e consultas de utilizadores, pastas de favoritos, cliques no rato e deslocações. Muitos autores recomendaram também que a extração de dados de utilização da Web inclui dados relacionados com a utilização de páginas de um sítio Web, tais como o endereço IP, referências a páginas e a data e hora de acesso. Como já foi referido, os dados extraídos neste grupo são dados secundários na Web devido às consequências das interações, que podem variar significativamente, mas ainda assim podem ser classificados como dados de utilização situados nos clientes Web, no servidor proxy e nos servidores. A classificação do processo de extração de dados sobre a utilização da Web foi feita em duas abordagens. A abordagem primária mapeia a utilização de dados no servidor Web em tabelas relacionais antes de ser efectuada uma técnica modificada de extração de dados. A abordagem secundária utiliza os dados de registo de forma inabalável, recorrendo a técnicas especiais de pré-processamento. A extração de padrões de comportamento a partir de dados de registos da Web exige a limpeza dos dados, a identificação do utilizador, a identificação da sessão e a conclusão do caminho.

4.2 Regras de associação

Atualmente, existem muitos algoritmos competentes que lidam com a tarefa, bem relacionada e computacionalmente dispendiosa, da extração de regras de associação, que é uma das técnicas de extração de dados. De forma concisa, uma regra de associação é definida como uma expressão X→ Y, em que X e Y são conjuntos de itens. A denotação de tais regras é bastante instintiva: Dada uma base de dados D de transacções em que cada→ transação T D é uma regra de associação. Em resumo, uma regra de associação é uma expressão XY que indica que sempre que uma transação T contém X, então T provavelmente também contém Y. A probabilidade ou confiança na regra é definida como a percentagem de transacções que contêm Y para além de X em relação ao número total de transacções que contêm X. Ou seja, a confiança na regra pode ser entendida como a probabilidade condicional p(Y T| X T).

4.3 Registo do servidor Web

Para verificar a largura de banda adequada e a capacidade do servidor no sítio Web das suas organizações, os administradores de TI foram inspirados a emergir com a análise de ficheiros de registo da Web, acabando assim por ter uma iminência inestimável na utilização do sítio Web. Representa a agitação de muitos utilizadores, durante um longo período de tempo, em comparação com um número limitado de utilizadores durante uma ou duas horas cada.

A quantidade de informação presente na World Wide Web (WWW) e na base de dados aumentou e continua a aumentar. Para um determinado sítio Web, o administrador de um sistema terá acesso ao registo do servidor. Mas a forma como o sítio foi utilizado não pode ser determinada sem a utilização de uma ferramenta. Assim, o método de extração de dados simplifica a tarefa do administrador do sistema de extrair os padrões de utilização de um determinado sítio.

As aplicações relacionadas com a extração de dados da Web evoluíram nos negócios e nas finanças, enquanto que no domínio da educação ainda não ganharam popularidade, promovendo assim a aplicação da extração de dados da Web no mesmo. Além disso, a regra de associação generalizada será utilizada aqui para extrair os registos do servidor do Portal da Educação. Os dados reais são os registos do servidor compilados a partir do site do Colégio, contendo vários registos.

As conclusões retiradas deste estudo permitem-nos obter um resumo do padrão de utilização do Portal. Este estudo mostra também a utilização de Regras de Associação Generalizadas na exploração da utilização da Web. Os resultados deste estudo podem ser utilizados pelo administrador do sistema como instruções para melhorar a utilização do sítio Web.

1. Visualização de estruturas de ligações de sítios Web para navegação do utilizador

A principal preocupação deste capítulo é conceber um sítio Web numa ordem hierárquica para responder às duas primeiras perguntas de navegação, ou seja, Onde estou agora? Onde é que eu estive? Na hierarquia construída, a estrutura de ligações do sítio Web produzida pelo designer foi modificada de acordo com as opiniões dos utilizadores na utilização da estrutura de ligações do sítio Web, mostrando assim a visão que os utilizadores têm do sítio Web. Esta hierarquia ajuda os utilizadores a apreciar a associação entre as páginas Web que visitaram, ajudando-os a ter controlo sobre a sua navegação e não se limitando apenas às hiperligações em cada página. Os utilizadores podem compreender a sua localização atual no contexto dos diferentes níveis de páginas da hierarquia, o que também os ajuda a conhecer a sua localização atual no contexto das páginas da hierarquia.

2. Previsão de ligações para a navegação do utilizador

A segunda preocupação deste capítulo é como prever a navegação na Web de um utilizador nas páginas visitadas pelo utilizador no sítio Web, de modo a saber a resposta à terceira pergunta de navegação, ou seja, para onde posso ir a seguir? Ao utilizar uma abordagem colaborativa, é possível construir um modelo de utilizador utilizando os dados de um conjunto de utilizadores, para fazer suposições sobre um novo utilizador, na ausência de informações sobre ele, para prever o seu próximo pedido.

Duas metodologias principais sugeridas para encontrar informações na Web são a navegação e a pesquisa baseada em palavras-chave. A pesquisa baseada em palavras-chave é admirada devido à sua rapidez no reconhecimento de páginas que contêm informações precisas. Pelo contrário, a pesquisa de navegação é utilizada quando a pesquisa baseada em palavras-chave é difícil de efetuar por várias razões, por exemplo, o utilizador não é específico na sua pesquisa e precisa de opções como orientação, enquanto alguns têm tarefas de pesquisa de informação complexas que são difíceis de apresentar em palavras-chave. Assim, podemos concluir que nenhuma das metodologias é suficiente para tarefas complexas de pesquisa de informação, uma vez que a navegação não é um método proficiente de localização de informação específica, pois os utilizadores têm de se orientar constantemente para pistas de navegação: indicações textuais e gráficas do conteúdo acessível através de uma hiperligação, enquanto a pesquisa, por outro lado, dá resultados inadequados e perde o contexto significativo presente nas páginas que orientam para o resultado da pesquisa. Por conseguinte, ao combinar a navegação com os paradigmas de pesquisa e ao facilitar a transição entre eles, os utilizadores podem encontrar com êxito as informações preferidas que correspondem à sua pesquisa de informações complexas.

Edição anterior e desafios

A comunidade de investigação assumiu o desafio de procurar conhecimentos valiosos na desorganizada World Wide Web, depois de analisar os padrões de navegação dos utilizadores de sítios Web. Os utilizadores da Web têm abordado as suas necessidades de dados da Web, bem como aqueles que têm negócios construídos em torno da Web. Por exemplo, os utilizadores queixam-se da má apresentação dos sítios Web, o que dificulta a realização do objetivo pretendido. Isto acontece devido a uma má estrutura do sítio ou a uma falta de correspondência entre a conceção do sítio e as necessidades do utilizador. Por outro lado, problemas como a falta de normas na conceção e a sua aplicação nas páginas Web dificultam a utilização de técnicas de extração de dados na Web.

O registo do servidor é a principal fonte de dados para a análise dos padrões de traçado de percursos dos utilizadores, que contém as informações recolhidas pelos servidores Web. Atualmente, podem ser efectuados vários tipos de exploração de padrões de acesso, dependendo das necessidades do analista. Uma das formas sugeridas para processar os registos do servidor é a utilização de técnicas de extração da Web para obter informações sobre a utilização da Web. Ao analisar os registos de acesso ao servidor e os dados de registo do utilizador, é possível obter informações úteis sobre uma melhor estrutura de um sítio Web, de modo a criar uma presença eficaz para a organização. Além disso, esses dados ajudam as organizações empresariais a conhecer as estratégias de marketing cruzado do cliente entre produtos e a eficácia das campanhas promocionais, entre outras coisas.

Os engenheiros de software têm como objetivo a excelência dos seus produtos para os utilizadores, o que é uma preocupação semelhante no caso dos sítios Web. De facto, os sítios Web continuam a aumentar o número de subpáginas e hiperligações, o que leva os peritos Web a avaliar constantemente os factores de qualidade do sítio Web. Não só para melhorar a qualidade, mas também para garantir que as alterações na estrutura ou no design não diminuem a qualidade do sítio Web. A elevada qualidade do sítio Web é importante para os proprietários do ponto de vista dos benefícios para o mercado. Isto melhora a qualidade da estrutura do sítio Web, independentemente do papel do sítio Web numa organização, o sucesso da organização empresarial exige a sua qualidade. Neste capítulo, tentamos apresentar a forma como as técnicas de extração de dados podem ser utilizadas para a avaliação dos sítios Web e tentaremos responder a uma subquestão: se o web designer pode confiar nas alterações sugeridas pelos resultados da extração de dados.

4.4 Em todo o sítio Web

A revisão frequente das hiperligações é significativa tanto para os benefícios comerciais como para os objectivos não especificados do sítio Web. Podemos concluir dizendo que "hiperligações mortas não significam negócio", pelo que as soluções que tornam rotineiro o processo de validação de hiperligações podem ajudar a poupar tempo e dinheiro em melhorias de tarefas. Assim, a complexidade do sítio Web pode ser tratada através da análise do comportamento dos utilizadores, essencial para a melhoria das estruturas. O sítio Web pode ser definido como um conjunto finito de páginas Web, que criam uma rede de páginas Web interligadas. Por conseguinte, a terminologia sítio Web deve ser claramente especificada ao leitor, de modo a utilizar a avaliação das hiperligações para melhorar a conceção do sítio Web. A representação gráfica do sítio Web define a estrutura percorrida, o que sugere que a melhor prática de navegação, como a navegação com três cliques, não garante a satisfação do utilizador.

Para satisfazer as necessidades de navegação dos utilizadores, o sítio Web responde com diferentes estruturas Web. Teoricamente, para facilitar a navegação no sítio Web, o designer pode carregar as ligações para todas as páginas na página principal. Isto é representado por uma estrutura em forma de estrela num sítio Web, caracterizada por caminhos que partem da página principal em várias direcções. Para além da estrutura em forma de radiação, foram descritos dois tipos básicos de estrutura: em primeiro lugar, o tipo cascata, em que o caminho através das páginas Web tem apenas uma direção, o que leva a desafiar a reestruturação da Web e a decidir entre todas as páginas que devem ser colocadas profundamente na estrutura Web. Mas o principal problema da última página é o seu longo percurso. Pelo contrário, surgem situações em que a apresentação das páginas em sucessão é vital:

1. Retratar uma história

2. Primeiro a assinatura de contratos, depois a apresentação da página de descarregamento do programa

A segunda é uma estrutura interligada. Aqui, cada página do sítio Web está diretamente ligada a todas as outras páginas do mesmo sítio Web e, por conseguinte, este tipo de estrutura só pode ser eficaz em sítios Web pequenos.

O traçado de uma rota através do sítio Web é provável devido às hiperligações que ligam as páginas Web entre si. Os designers colocam frequentemente as hiperligações para ajudar os seus utilizadores a pesquisar no sítio Web ou para os guiar até à informação pretendida:

1. URL de origem (página Web onde são colocadas as hiperligações)

2. URL de destino (página Web a que a hiperligação conduz)

3. Etiqueta (por exemplo, para uma hiperligação textual, o texto utilizado para o nome da ligação)

4. Tipo de gráfico (texto, figura)

5. Local (onde é colocada a hiperligação na apresentação da página Web)

Dados utilizados para avaliação do sítio Web

Ao efetuar a avaliação das hiperligações, são necessários dados adequados. Os dados transaccionais necessários para a execução da extração de regras de associação são recebidos dos ficheiros de registo e as acções realizadas pelos utilizadores do sítio Web são registadas. Os ficheiros de registo fornecem aos engenheiros de software o historial do comportamento do utilizador num sítio Web específico, com dados que são utilizados para a análise e o desenvolvimento posterior do sítio Web. Assim, é possível recuperar sessões de utilização a partir destes ficheiros de registo. Assim, é possível extrair as regras de associação entre as páginas com base no comportamento do utilizador. Considerando a estrutura do sítio web como um input, retratando os objectivos de um web designer, juntamente com a utilização real do sítio web, o analista pode determinar a diferença entre os pressupostos do designer e a inclinação do comportamento do utilizador. Uma vez que estas hiperligações ajudam a traçar o percurso através da Web, o histórico da sua utilização é utilizado como feedback do utilizador sobre a estrutura e o funcionamento do sítio Web.

O sítio Web como um input

A informação sobre a estrutura do sítio Web pode ser recuperada de várias formas, quer recorrendo à assistência de um perito em sítios Web que pode dedicar todas as hiperligações existentes na estrutura do sítio Web, o que pode aumentar a informação da estrutura com o comportamento de navegação proposto pelo utilizador. A outra forma conveniente é a prática de ferramentas automáticas, tais como web crawlers ou web spiders. Estas ferramentas funcionam para recolher páginas Web interligadas com a página Web de partida, dirigindo-se ao URL que segue as hiperligações existentes na primeira página, de modo a restabelecer a ligação às páginas Web. Assim, neste

Assim, o sítio web pode ser descarregado e a estrutura do sítio web pode ser recuperada. Além disso, a estrutura do sítio web também pode ser recuperada a partir da base de dados interna ligada ao sistema de gestão de conteúdos. A partir da base de dados acima referida, é possível recuperar informações sobre a colocação de uma hiperligação e a que páginas Web conduz, bem como o tempo de recriação e de desativação, o que o torna o método mais conveniente, sem necessidade de cálculos adicionais, como no caso dos "web spiders". Uma vez recolhidos os dados sobre as hiperligações de um sítio Web, cumprimos o primeiro passo para determinar a estrutura de navegação de um sítio Web, que é um conjunto de ligações para construir um caminho de navegação através do sítio Web.

A importância da estrutura do sítio Web é demonstrada na utilidade do sítio Web, o que indica que a avaliação da utilidade das hiperligações pode ser vista como uma avaliação da usabilidade do sítio Web ou de uma página Web específica. As hiperligações existentes nas páginas Web mostram a intenção do designer de orientar os utilizadores do sítio Web sobre os caminhos de navegação previstos, necessários para justificar a usabilidade do sítio Web. No entanto, a informação recolhida mostra não só as intenções do criador do sítio Web, mas também o estado atual do sítio Web.

O registo de tráfego do sítio Web

Um servidor Web, quando corretamente configurado, pode registar todos os cliques que os utilizadores fazem num sítio Web". O servidor adicionará informações ao ficheiro de registo sobre o pedido do utilizador com cada clique no caminho visitado. Os dados no servidor serão reunidos pelos registos sob a forma de ficheiros de formato específico. Estes ficheiros contêm informações sobre a utilização do sítio Web, registando a forma como os utilizadores visitam o sítio Web e o seu grau de atividade. Com base na estrutura do formato do registo, são armazenados diversos dados. Normalmente, os registos contêm dados como: o endereço IP do cliente, o URL da página pedida, a hora a que o pedido foi enviado para o servidor, etc. Estes dados são utilizados posteriormente como base para a descoberta do comportamento de utilização. Com base nas definições do servidor, o formato dos ficheiros de registo varia. A forma dos ficheiros de registo da Web mudou ao longo dos anos, à medida que foram surgindo mais requisitos para o processamento do registo da Web.

Informações nos registos do servidor Web

Atualmente, uma vez que muitas organizações consideram a Web como um componente essencial das suas operações e comunicações exteriores, gerou-se uma curiosidade na medição e avaliação da utilização do sítio Web. Os registos do servidor são utilizados para obter uma soma garantida de informações quantitativas sobre a utilização, que são depois compiladas e interpretadas corretamente para fornecer uma base de estatísticas que indique os níveis de utilidade, bem como comparações de suporte e crescimento entre partes de um sítio. A análise dos dados acima referidos também fornece algumas informações técnicas sobre a carga do servidor, movimentos estranhos ou pedidos falhados, juntamente com assistência em actividades de marketing, desenvolvimento e gestão de sítios. Em sistemas vibrantes como a Internet, por vezes, o registo de amostras de atividade é uma prática geral que é depois utilizada para exemplificar a atividade no sistema e para avaliar novos mecanismos a utilizar nesse sistema. Isto é certamente verdade no que respeita ao tráfego HTTP.

Os registos do servidor Web são ficheiros de texto simples (ASCII), que são independentes da plataforma do servidor. Existem algumas diferenças entre o software de servidor, mas tradicionalmente existem quatro tipos de registos de servidor:

Extração de dados de utilização da Web

A exploração da utilização da Web é um campo exploratório que se centra na expansão de técnicas e ferramentas para obter conhecimentos sobre o comportamento de navegação do utilizador na Web. Na verdade, a análise dos padrões de acesso mais comuns dos utilizadores permite que o fornecedor de serviços modifique e se habitue à interface do sítio para esse utilizador específico, a fim de recuperar a estrutura estática do sítio contida no sistema de hipertexto subjacente.

Sempre que os utilizadores da Web se relacionam num sítio, os dados relativos ao seu comportamento são acumulados nos registos do servidor Web, que também podem conter informações preciosas sobre a experiência dos utilizadores no sítio. Além disso, uma vez que os ficheiros de registo de um sítio de média dimensão atingem vários megabytes por dia, torna-se obrigatório que as técnicas e ferramentas ajudem a tirar partido do seu conteúdo.

4.5 Procedimento de extração de dados de utilização da Web

Atualmente, existem muitas ferramentas comerciais de análise de registos, mas estas têm limitações, ou seja, as suas capacidades analíticas produzem resultados como estatísticas resumidas e taxa de recorrência de visitas a páginas. A análise estatística pode ser considerada como um método generalizado de extorquir conhecimentos sobre os visitantes de um sítio Web para conhecer as várias análises estatísticas descritivas de variáveis como as visualizações de páginas, o tempo de visualização e a duração do percurso de navegação. Para a geração de páginas de índice involuntariamente a partir dos dados de registo, ou seja, páginas que contêm colecções de ligações, que o comportamento de navegação do utilizador sugere, estão relacionadas. A criação de um grafo em que o nó corresponde a uma página e uma ligação dá a possibilidade de a interligação entre as duas páginas ocorrer na mesma sessão. Prevê-se um algoritmo que utiliza o grafo para encontrar um pequeno número de grupos de páginas que aparecem juntas numa sessão. Estes grupos são, na realidade, as páginas de índice do candidato, utilizadas para modificar um sítio Web de acordo com as necessidades do utilizador. Pode ser utilizada uma abordagem de agrupamento baseada em modelos, em que os utilizadores com padrões de traçado de percursos semelhantes são reunidos no mesmo agrupamento. Um exemplo é o modelo de Markov, que mostra o comportamento dos utilizadores contidos em cada grupo.

Atualmente, a comunidade de investigação tem estado ocupada com a observação atenta do estudo de técnicas que permitam tirar o máximo proveito das informações contidas nos ficheiros de registo, de modo a que essas técnicas sejam muito mais pertinentes. Muitas técnicas foram reunidas na extração de dados sobre a utilização da Web, como a rede neural adaptativa, para visualizar os padrões de utilização do sítio Web, que depois apoiam o reconhecimento de grupos de páginas Web que são recorrentemente visitadas em conjunto pelos utilizadores. A própria categorização de regras é utilizada para categorizar novos itens de dados que são anexados à base de dados. A técnica utilizada para gerir algoritmos de aprendizagem indutiva, tais como classificadores de árvores de decisão, classificadores bayesianos, classificadores de vizinhos mais próximos K e máquinas de vectores de apoio. Os padrões sequenciais foram utilizados para prever os padrões de visita dos utilizadores. A análise de agrupamento é uma técnica que permite reunir um conjunto de itens com caraterísticas semelhantes. Há dois tipos de clusters fascinantes a revelar: clusters de utilização e clusters de páginas. O cluster de utilização permite agrupar clientes ou itens de dados com caraterísticas semelhantes; por outro lado, o cluster de página determina grupos de páginas com conteúdos relacionados.

Mogul (1996) propôs um método em que um gráfico fiável é dirigido e vigorosamente reorganizado à medida que o servidor recebe pedidos. Cada página solicitada foi designada como um nó, e um arco entre dois nós existe se o nó de destino foi solicitado dentro de x acessos após o nó de origem; o peso de um arco é proporcional ao número de tais pedidos. As simulações efectuadas com dados de registo mostram que é possível reduzir a latência de recuperação, mas este método não garante alterações apenas entre pedidos consecutivos.

Drott (1998) sugeriu muitas formas de manipular os ficheiros de registo na conceção do sítio para diminuir o tamanho do ficheiro e responder a questões específicas, tais como as que se referem ao rastreio de ligações, pesquisas, percursos e contacto inicial do utilizador. Este estudo de investigação também chama a atenção para as limitações dos dados existentes nos ficheiros de registo, dando sugestões essenciais sobre a forma de visualizar os dados, enquanto Stout, em 1997, deu sugestões sobre a forma de conceber um sítio Web moldado de acordo com públicos específicos de utilizadores. Wong, em 2001, apresentou uma nova metodologia com base na abordagem de interpretação baseada em casos para encontrar padrões de utilizadores através da extração de regras de associação pouco claras a partir dos dados históricos dos registos da Web. As regras de associação são conjuntos de páginas que são admitidas juntamente com um suporte

Para a extração de dados sobre a utilização da Web, a descoberta de regras de associação baseia-se nas sessões. Cada sessão é deduzida como uma operação e a incidência das páginas Web na sessão é pertinente para a subsistência dos itens num cesto. Além disso, na extração da utilização da Web, é provável que se mantenha a sequência em que as páginas Web foram visualizadas. Estas sucessões de páginas web são designadas por caminhos que o utilizador seguiu por uma determinada ordem até ao fim da sessão. Cada armazém que é favorável ao registo dos produtos adquiridos como itens da posição de armazenamento a que pertencem, proporcionando assim ao analista perspectivas de encontrar associações entre esses produtos. A recolha na exploração da utilização da Web é o tipo de posição de armazenamento, as páginas Web são os produtos e a visualização da página é pertinente para o produto adquirido. Além disso, ajuda a determinar a predisposição para comprar alguns dos produtos em conjunto, se tais padrões subsistirem nos comportamentos dos clientes. Como consequência da extração de regras de associação, podemos descobrir alguns grupos de artigos "comprados" em conjunto. No entanto, muitas vezes a extração de regras de associação abrange a descoberta de regras de associação positivas, que podem ser descritas como: se duas ou mais páginas forem susceptíveis de serem vistas em conjunto, estão ligadas por uma regra de associação positiva. A extração de regras de associação tem duas técnicas, a saber: descoberta de regras de associação positivas e negativas. As regras de associação negativas podem ser recuperadas a partir da situação de nome e capa, em que se presume que os métodos de extração de dados permitem descobrir a inclinação do cliente para uma página. O conhecimento da forma como os utilizadores/clientes relacionam os objectos proporciona aos gestores uma oportunidade para alterarem a sua atividade de acordo com o comportamento-alvo e, consequentemente, melhorarem a qualidade do seu serviço, ajudando assim a atingir os seus objectivos comerciais.

A extração de regras de associação é uma técnica de extração de dados utilizada para encontrar padrões nos dados disponíveis. Também pode ser descrita como "uma tarefa de extração de dados que determina as relações entre itens numa base de dados transacional". A descoberta de regras de associação é referida como a recuperação de combinações recorrentes de itens que transpiram juntos numa base de dados transacional.

Regra de associação: "é uma implicação da forma $X \Rightarrow Y$, where $X \subseteq I$, $Y \subseteq I$ and $X \cap Y = \emptyset$ e I é o conjunto de itens (por exemplo, produtos, páginas Web). Uma regra de associação é uma relação entre itens. X é designado por antecedente e Y por consequente da regra de associação com a forma $X \Rightarrow Y$. Atualmente, a extração de regras de associação consiste em, pelo menos, dois métodos de extração: extração de regras de associação negativas e positivas.

Este capítulo analisou o conceito de tabela de hash em sítios Web e apresentou um avanço que serve como atalhos de navegação utilizados para provocar uma progressão na organização de um sítio Web.

Neste ponto, encerramos o capítulo dando destaque às nossas principais contribuições e reconhecendo possíveis áreas de trabalho futuro. A metodologia implementada neste trabalho é superior à anterior em termos de tempo consumido por um ficheiro de determinado Mb quando fornecido como entrada.

A extração de dados de utilização da Web é uma caraterística da extração de dados que se popularizou nos últimos anos. As empresas comerciais e os investigadores académicos dispõem de um conjunto alargado de ferramentas que utilizam vários algoritmos de extração de dados em ficheiros de registo provenientes de servidores Web, de modo a descobrir o comportamento dos utilizadores num determinado sítio Web. A execução de uma investigação deste tipo no sítio Web pode gerar informações que podem ser utilizadas para melhor satisfazer as necessidades do utilizador.

Atualmente, numerosas aplicações, como o comércio eletrónico empresarial e financeiro (Shrivastava, 2000), a recuperação de informações e o sector académico e industrial (Shrivastava, et al., 2000), utilizam a extração de dados sobre a utilização da Web. Neste estudo, as regras de associação generalizadas foram aplicadas ao registo do servidor Web do sítio da Educação.

Também não devemos esquecer de mencionar que a maioria das tentativas se baseou em técnicas comparativamente mais simples, que podem revelar-se insuficientes para os dados reais do perfil do utilizador, uma vez que o ruído nos dados tem de ser tratado em primeiro lugar. Assim, surge a necessidade de métodos robustos que assimilem diferentes técnicas inteligentes, livres de quaisquer suposições sobre a taxa de contaminação por ruído

O trabalho futuro neste estudo inclui técnicas mais refinadas para o pré-processamento de dados e o reconhecimento de sessões de acesso, de modo a atenuar os problemas comuns da extração de dados de utilização da Web. Outros algoritmos de deteção de padrões também devem ser incorporados no sistema, de modo a gerar métodos substitutos, como o algoritmo apriori e a técnica de agrupamento adaptativo, que podem ser investigados para uma análise mais aprofundada.

Os esforços de colaboração apresentados nesta investigação tentaram apresentar avanços em sítios Web adaptativos com o objetivo principal de melhorar a tarefa de navegação dos utilizadores num sítio Web, embora este trabalho de investigação esteja longe de ser um trabalho acabado, tendo em conta o seu objetivo a longo prazo de melhorar involuntariamente a organização de um sítio Web. Também através desta secção em particular, iremos vislumbrar as limitações do trabalho aqui abordado, descobrir formas de as resolver e, finalmente, conferir uma possível expansão do âmbito desta investigação.

Aquisição de dados a partir de registos da Web: - A aquisição de dados a partir de registos da Web tem um papel fundamental a desempenhar na exploração de dados de utilização, uma vez que afecta o conhecimento descoberto a partir dos mesmos. Neste capítulo, durante a tarefa de filtragem dos registos da Web, presumimos que as chamadas para documentos que não sejam HTML são inadequadas e filtramo-las. Mas isto independentemente do facto de a possibilidade de estes ficheiros não HTML poderem ser da escolha do utilizador no sítio Web. Muitas vezes, torna-se tremendamente complicado decidir se esses ficheiros não-html são importantes ou não com base apenas nas informações disponíveis nos registos da Web. As presunções reveladas anteriormente não afectaram a conclusão de forma implacável, muito provavelmente devido à possibilidade de os utilizadores poderem visitar documentos HTML pertinentes a ligações para esses ficheiros não html. Embora esta questão pudesse ser utilizada para obter informações adicionais sobre a estrutura do sítio Web, para saber se estes ficheiros não html são um elemento de um documento HTML ou um documento por si só, para manter um rasto na tarefa de eliminação dos registos de rastreio, utilizámos ilustrações que tinham uma abordagem combinada, utilizando uma lista de endereços IP de rastreadores conhecidos e a Norma de Exclusão de Robôs para filtrar os registos de rastreio dos registos Web. Apesar da sua facilidade, a experiência apresentada neste capítulo demonstrou a eficácia da abordagem combinada na determinação da maior parte dos pedidos de crawlers nos registos Web. Ainda assim, a Norma de Exclusão de Robôs não é controlada por um organismo qualificado e a conformidade dos crawlers com ela é questionável. Além disso, o registo publicamente acessível dos endereços IP dos rastreadores populares não é exaustivo. Assim, se um crawler não estiver registado, não cumpre a norma de exclusão de robôs e será reconhecido como um utilizador autêntico em vez de um crawler. Por último, na tarefa de sessionização, um dos principais aspectos com que nos confrontámos foi a omissão dos pedidos de documentos relativos aos utilizadores internos feitos através do servidor proxy da escola, que constituíam aproximadamente 65% do conjunto de dados original e que poderiam ser considerados como uma conclusão tendenciosa desta investigação. No entanto, a investigação apresenta resultados bastante bons, principalmente porque os restantes 35% do conjunto de dados constituíam pedidos de documentos de utilizadores internos e externos. No entanto, este caso pode não ser verdadeiro noutros sítios Web. Assim, um dos métodos para tratar estes pedidos de documentos ligados a servidores proxy poderia ser utilizar os registos proxy para diferenciar os pedidos feitos por outros utilizadores.

Informação de base limitada: - O nosso trabalho depende exclusivamente do conhecimento obtido a partir dos registos da Web. No entanto, reforçado com informações sobre os padrões de acesso dos utilizadores e as estatísticas de utilização do sítio Web, gostaríamos de chamar a atenção para o facto de o tipo de informação que pode ser recolhida a partir dos registos Web do CLF ser ainda limitado.

Isto estabeleceu suspeitas nas abordagens utilizadas para reconhecer o fim da sessão de um utilizador e os documentos de destino do sítio Web, pelo que o nosso trabalho de investigação desempenha um papel importante, sendo uma abordagem baseada no tempo, em que é utilizado um limiar para identificar ambos a partir dos registos Web. No entanto, isto requer a informação do tempo real que os utilizadores passaram em cada documento que visitaram enquanto navegavam no sítio Web, mas a desvantagem dos registos Web utilizados no nosso trabalho de investigação não capta essa informação. Consequentemente, o carimbo de data e hora dos pedidos de documentos subsequentes que aparecem nos registos da Web mostram o tempo aproximado gasto por um utilizador num documento. Persiste uma incerteza semelhante na determinação do fim da sessão de um utilizador, pelo que foram definidos limiares de tempo para o especificar com base na distribuição TI dos registos dos utilizadores, que também foi utilizada para gerar a distribuição. Este inconveniente pode ser resolvido com a utilização de cookies personalizados escritos para atribuir um ID de sessão a cada visita feita por um utilizador ao sítio Web, de modo a registar o tempo gasto em cada documento visitado por ele na sessão.

Sítios Web dinâmicos: - O esforço apresentado neste capítulo baseia-se num único sítio Web, que é o sítio Web da Escola de Informática da RGU, que inclui principalmente documentos com informação estática e não tem quaisquer caraterísticas dinâmicas. Assim, a relevância e o desempenho da nossa abordagem noutros sítios Web, como os sítios Web dinâmicos, continuam a ser largamente desconhecidos.

Agrupamento de percursos semelhantes: - No nosso trabalho de investigação, as medidas ajudam a determinar a semelhança entre dois percursos, que se centram no número de documentos coincidentes entre eles, independentemente da sua sequência. Assim, no futuro, poderíamos tentar agrupar os percursos com base na sequência. Além disso, o nosso trabalho baseou-se no algoritmo K-means para agrupar percursos semelhantes. Também podemos utilizar uma técnica de agrupamento baseada em conceitos, como o COBWEB, e comparar o desempenho destes dois algoritmos no agrupamento de caminhos semelhantes, o que pode constituir a base de futuros trabalhos de investigação.

Avaliação qualitativa: - Ao avaliar a nossa abordagem, utilizamos um método qualitativo e conferimos os cenários em que os atalhos podem ser utilizados para encurtar os percursos de navegação do utilizador. A utilização de registos históricos da Web pode ser utilizada para obter uma aproximação da utilidade dos atalhos sugeridos, dividindo o nosso conjunto principal de dados em dados de treino e dados de teste, o que gera um conjunto de atalhos prováveis a partir dos dados de treino. A recolha dos caminhos dos utilizadores a partir dos dados de teste é então obtida com base nos documentos-alvo reconhecidos nos dados de treino. Depois disso, cada caminho descoberto a partir dos dados de teste pode ser utilizado para calcular o número de cliques originais que um utilizador necessita para chegar a um documento-alvo específico. Podemos então recalcular o número de cliques que um utilizador poderia ter poupado ao utilizar os novos atalhos para cada caminho descoberto nos dados de teste, o que nos permite obter uma aproximação quantitativa da utilidade dos atalhos sugeridos para encurtar os caminhos de navegação adoptados pelos utilizadores para chegar aos seus documentos-alvo.

Adaptação Automatizada da Organização do Sítio Web: - Também através deste capítulo sugerimos atalhos baseados nos way posts identificados a partir dos percursos recorrentes dos utilizadores. No entanto, o nosso objetivo alargado é expandir este trabalho, de modo a que estes atalhos projectados possam ser involuntariamente incluídos no sítio Web. Daí o desenvolvimento de uma ferramenta que mecanize a transformação do sítio Web, permitindo assim que um webmaster monitorize e manipule as alterações efectuadas na organização do sítio Web.

Acima de tudo, tencionamos estudar os meios de adicionar os atalhos gerados ao sítio Web, abordando uma série de questões relacionadas com como, onde e se os atalhos gerados devem ser executados no sítio Web. Uma forma de avançar com as duas primeiras questões seria adquirir o método de adaptação da caixa de diálogo dedicada introduzido em. Neste método, dado um atalho a adicionar entre dois documentos A e B, é colocada uma caixa de diálogo dedicada com espaço limitado em A para promover a hiperligação para B. Novos atalhos são adicionados à caixa de diálogo à medida que são sugeridos e os atalhos impopulares são removidos para dar lugar aos novos. Ao abordar a terceira questão sobre se um atalho deve ou não ser adicionado, esta pode ser facilmente resolvida utilizando as informações da estrutura de hiperligações do sítio Web. Além disso, a etiquetagem dos atalhos é igualmente importante para os adicionar ao sítio Web, uma vez que atalhos mal etiquetados são prejudiciais. Assim, podemos também tentar utilizar técnicas de extração de conteúdos para gerar etiquetas significativas para os atalhos antes de os adicionar ao sítio Web.

Capítulo 5

Melhoria do contraste da imagem no domínio espacial

5.1 Utilizando o método baseado na equalização de histogramas

O melhoramento de imagens tornou-se uma das aplicações de visualização mais importantes, uma vez que tem a capacidade de melhorar a visibilidade das imagens. Melhora a qualidade das imagens de baixo contraste. Até à data, têm sido estimados procedimentos distintos para melhorar as caraterísticas das imagens digitais. Para melhorar a superioridade da imagem, o melhoramento da imagem pode explicitamente recuperar e limitar alguns dados acessíveis na imagem de entrada. Neste relatório, foi avaliado o desempenho da técnica de melhoramento de imagens baseada no nível de brilho dominante. Utilizando a caixa de ferramentas de processamento de imagem, a conceção e a implementação foram efectuadas em MATLAB. A comparação entre o nível de brilho dominante, a equalização do histograma e a equalização adaptativa do histograma mostrou que o nível de brilho dominante tem um desempenho superior ao do melhoramento de imagem baseado no histograma.

No domínio do processamento digital de imagens, o melhoramento do contraste é sobretudo utilizado na visão por computador e também para melhorar a informação pictórica para a perceção visual humana. É geralmente utilizada no processamento de imagens médicas, no reconhecimento da fala, na síntese de texturas e em várias outras aplicações. Foram introduzidos vários métodos no domínio da melhoria do contraste das imagens.

A análise de imagens digitais com baixo contraste é um problema difícil no processamento digital de imagens. As imagens digitais com baixo contraste reduzem a capacidade do observador para analisar a imagem. A equalização do histograma (HE) é um dos métodos mais populares para melhorar o contraste de uma imagem. O histograma de uma imagem discreta de níveis de cinzento representa a frequência de ocorrência de todos os níveis de cinzento na imagem. Este método é utilizado principalmente devido à sua simplicidade de aplicação e ao facto de ser computacionalmente menos dispendioso do que outros métodos. Embora o método HE seja amplamente aceite, a imagem equalizada por histograma sofre muitas vezes do problema do "desvio da média", ou seja, desloca o valor médio da intensidade para o nível cinzento médio da gama de intensidade. Assim, esta técnica não é útil em situações em que é necessário preservar o brilho médio. Para ultrapassar este problema, foram propostas várias variações do método HE.

O melhoramento de imagens melhora basicamente a qualidade visual da imagem, proporcionando imagens claras para o observador humano e/ou para a máquina em técnicas de processamento automático de imagens. Os métodos de melhoramento podem ser classificados em duas categorias:

Métodos do domínio espacial ;- modificam diretamente os pixels da imagem para obter o melhoramento desejado no domínio espacial.

Métodos no domínio da frequência:- efectuam as operações de melhoramento da Transformada Discreta de Fourier (DFT) de uma imagem no domínio da frequência.

O melhoramento do contraste tem um enorme impacto no processamento de imagens digitais. A Equalização de Histogramas (HE) é um dos métodos mais conhecidos, rápidos e simples de implementar para melhorar o contraste de imagens digitais. Trata-se de uma ilustração gráfica da distribuição de dados. É semelhante a um gráfico de barras. Mostra quantas vezes um determinado nível de cinzento aparece numa imagem. A equalização do histograma é um método de processamento de imagens por computador utilizado para obter um melhor contraste das imagens. A equalização do histograma é um melhoramento brilhante do contraste tanto para imagens naturais como para imagens médicas e outras imagens inicialmente não visuais. Brilho dominante significa que é uma técnica eficaz ou impressionante para as imagens. As imagens com contraste melhorado podem conter distorções de intensidade e perder informação da imagem em várias regiões. Para ultrapassar os problemas das imagens com contraste melhorado, é necessário decompor a imagem de entrada em várias camadas de níveis de brilho dominantes únicos.

O método proposto modificou o nível de brilho dominante utilizando a equalização adaptativa do histograma, a normalização da cor e o filtro de gelo. O nível de brilho dominante modificado tem a capacidade de ultrapassar as desvantagens do trabalho anterior. O método proposto foi concebido e implementado em MATLAB, utilizando a caixa de ferramentas de processamento de imagens. Neste trabalho de investigação, foi selecionado um tipo diferente de imagens para avaliar a eficácia do método proposto. A comparação entre o nível de brilho dominante e os métodos propostos mostrou uma melhoria significativa do método proposto. Num futuro próximo, podemos modificar o melhoramento de imagens baseado no nível de brilho dominante utilizando o alongamento adaptativo do histograma como técnica de pós-processamento.

O relatório apresenta uma análise das técnicas existentes de melhoramento do contraste com base em histogramas para preservar a luminosidade e melhorar o contraste. Os métodos de equalização de bi-histogramas, tais como BBHE, DSIHE e MMBEBHE, os métodos de equalização de multi-histogramas, tais como RMSHE, RSIHE, DHE, BPDHE e RSWHE e os métodos de equalização de histogramas recortados, tais como as técnicas GC- CHE e BHEPL, são comparados com ferramentas de medição da qualidade da imagem (IQM), tais como o erro de brilho médio absoluto (AMBE) e a relação sinal/ruído de pico (PSNR).Todas as técnicas ultrapassaram as desvantagens da equalização de histogramas e mostraram uma melhor preservação do brilho e melhoria do contraste do que o HE. Para

No trabalho proposto, tentarei desenvolver um método de melhoria de contraste para imagens em escala de cinzentos. Verificarei as aplicações do método HE convencional e tentarei melhorar o desempenho das aplicações que estão a utilizar este método (HE).

Referências

1. Aboli W. Hole Prabhakar L. Ramteke, "Conceção e implementação de um sistema de gestão de conteúdos baseado em
2. Image Retrieval Using Data Mining and Image Processing Techniques" International Journal of Advance Research in Computer Science and Management Studies Volume 3, Issue 3, March 2015 pg. 219-224

3. Anil K. Jain e Aditya Vailaya, "Image Retrieval using color and shape", In Second
4. Conferência Asiática sobre Visão por Computador, pp 5-8. 1995.

5. Aura Conci, Everest Mathias M. M. Castro, "Image mining by Color Content", In
6. Actas da Conferência Internacional ACM 2001 sobre Engenharia de Software e Engenharia do Conhecimento (SEKE), Buenos Aires, Argentina, 13 a 15 de junho de 2001.

7. Vailaya, A. T. Figueiredo, A. K. Jain, e H. J. Zhang, "Image classification for content
8. indexação baseada em imagens", IEEE Transactions on Image Processing, Vol. 10, 2001, pp. 117-130.

9. M. W. Smeulders, M. Worring, S. Santini, A. Gupta, e R. Jain, "Content-based image
10. retrieval at the end of the early years", IEEE Transactions on Pattern Analysis and Machine Intelligence, Vol. 22, 2000, pp. 1349-1380.

11. Brighton, H. & Mellish, C. (2002), Advances in Instance Selection for Instance-Based
12. Algoritmos de aprendizagem. DataMining and Knowledge Discovery 6: 153-172.

13. Brown, Ross A., Pham, Binh L., e De Vel, Olivier Y, "Design of a Digital Forensics
14. Image Mining System", em Knowledge Based Intelligent Information and Engineering Systems, pp 395-404, Springer Berlin Heidelberg, 2005.

15. Ordonez e E. Omiecinski, "Image mining: Uma nova abordagem para a extração de dados,"
16. Relatório técnico GIT-CC-98-12, Faculdade de Informática, Instituto de Tecnologia da Geórgia, 1998.

17. Ordonez e E. Omiecinski, "Descobrir regras de associação baseadas no conteúdo da imagem", em
18. Actas do Fórum IEEE sobre Investigação e Avanços Tecnológicos em Bibliotecas Digitais, 1999, pp. 38-49.

19. D Ramesh, B Vishnu Vardhan, "Data Mining Techniques and Applications to Agricultural Yield Data" International Journal ofAdvanced Research in Computer and Communication Engineering Vol. 2, Issue 9, September 2013.

20. . A. K. Jain, A. Ross e S. Prabhakar, "An Introduction to Biometric Recognition", IEEE Transaction on Circuits Systems Video Technology, vol. 14, n.º 1, pp. 4-20, 2004.

21. . N. K. Ratha, A. W. Senior e R. M. Bolle, "Automated Biometrics", em Actas da Conferência Internacional sobre Reconhecimento Avançado de Padrões, pp. 445-474, 2001.

22. . Sang-Heon Lee, Dong-Ju Kim e Jin-Ho Cho, "Illumination-Robust Face Recognition System Based on Differential Components", IEEE Transactions on Consumer Electronics, Vol. 58, No. 3, PP. No. 963-970, agosto de 2012.

23. . R. Chellappa, C. L. Wilson e S. Sirohey, "Human and Machine Recognition of Faces: A Survey", Proceedings of the IEEE, Vol.83 Issue 5, pp 705-740, 1995.

24. . Y. Adini, Y.Moses e S. Ullman. "Face Recognition: The Problem of Compensating For Changes In Illumination Diretion", The Weizmann Institute of Science, 1995.

25. . N.F. Troje e H.H. Bülthoff, "Face recognition under varying pose: The role of texture and shape", Vision Research, Vol. 36, pp. 1761-1771, 1996.

26. . Peter N. Belhumeur, "Ongoing Challenges in Face Recognition", Frontiers of Engineering: Reports on Leading-Edge Engineering, National Academy of Engineering, National Academy Press, pp. 5-14, 2006.

27. . Qi Zhu, Yong Xu, "Multi-diretional two-dimensional PCA with matching score level fusion for face recognition", Neural Computing & Application, Springer, 2012.

28. . Alan L. Yuille, "Deformable Templates for Face Recognition", Journal of Cognitive Neuroscience, Vol.3 Issue 1, pp 59-70, 1991.

29. . W. Zhao, R. Chellappa, A. Rosenfeld e P.J. Phillips, "Face Recognition: A Literature Survey", Relatório Técnico CAR-TR-948, Universidade de Maryland, College Park, 2000.

30. . Yong Zhang, Christine McCullough, John R. Sullins e Christine R. Ross, "HandDrawn Face Sketch Recognition by Humans and a PCA-Based Algorithm for Forensic
    a. Applications", IEEE Transactions on Systems, Man, And Cybernetics-Part
31. A: Systems And Humans, Vol. 40, No. 3, PP. No. 475-485, maio de 2010.

32. . Yanwei Pang, Dacheng Tao, Yuan Yuan, e Xuelong Li, "Binary Two-Dimensional PCA", IEEE Transactions On Systems, Man, And Cybernetics-Part B: Cybernetics, Vol. 38, No. 4, PP. No.1176-1180, agosto de 2008.

33. . Jian Yang e Chengjun Liu, "Horizontal and Vertical 2DPCA-Based Discriminant Analysis for Face Verification on a Large-Scale Database", IEEE Transactions On Information Forensics And Security, Vol. 2, No. 4, PP. No. 781-792, dezembro de 2007.

34. . Jian Yang, David Zhang, Alejandro F. Frangi e Jing-yu Yang, "Two-Dimensional PCA: A New Approach to Appearance-Based Face Representation and Recognition", IEEE Transactions On Pattern Analysis And Machine Intelligence, Vol. 26, No. 1,PP. No. 131-137, janeiro de 2004.

35. . M. A. Turk e A. P. Pentland, "Face recognition using eigenfaces", Conferência da Sociedade de Computadores IEEE sobre Visão por Computador e Reconhecimento de Padrões, CVPR'91, PP. No. 586- 591, 1991.

36. . Zizhu Fan, Yong Xu e David Zhang, "Local Linear Discriminant Analysis Framework Using Sample Neighbors", IEEE Transactions On Neural Networks, Vol. 22, No. 7, PP. No. 1119-1132, 2011.

37. . H. Hu, P. Zhang e F. De La Torre, "Face Recognition Using Enhanced Linear Discriminant Analysis", IET Computer Vision, Vol. 4, No. 3, PP. No. 195-208, 2010.

38. . Dao-Qing Dai e Pong C. Yuen, "Face Recognition by Regularized Discriminant Analysis", IEEE Transactions on Systems, Man, And Cybernetics-Part B: Cybernetics, Vol. 37, No. 4, PP. No. 1080-1085, 2007.

39. . Tormod Naes, Bjorn Helge Mevik, "Understanding the Collinearity Problem in Regression and Discriminant Analysis", Journal of Chemometrics, Vol. 15, pp. 413-426, 2001.

40. . www.vision.ucsd.edu/extyaleb/CroppedYaleBZip/CroppedYale.zip

41. . Ahmet Bahtiyar Gul, "Holistic Face Recognition By Dimension Reduction", Capítulo de Doutoramento, M.Sc., EEE, Universidade Técnica do Médio Oriente, 2003.

42. . Peter N. Belhumeur, João P. Hespanha, e David J. Kriegman, "Eigenfaces vs. Fisherfaces: Recognition Using Class Specific Linear Projection", IEEE Transaction on Pattern Analysis and Machine Intelligence, Vol.19 Issue 7, pp 711-720, 1997.

43. . Zhao S., Grigat R. R., "Multi block fusion scheme for face recognition", Int. Con. on Pattern recognition (ICPR), Vol. 1, pp. 309-312, 2004.

44. . Makdee S., Kimpan C., Pansang S. , "Invariant range image multi - pose face recognition using Fuzzy ant algorithm and membership matching score" Proceedings of 2007 IEEE International Symposium on Signal Processing and Information Technology , pp. 252-256, 2007

45. . Marijeta Slavkovic, Dubravka Jevtic, Reconhecimento de Rosto Utilizando a Abordagem de Rosto Eigen, Serbian Journal of Electrical Engineering, Vol-9, No.-1, fevereiro de 2012, 121-130

46. . Mayank Agarwal, Nikunj Jain, Mr. Manish Kumar e Himanshu Agrawal, "Face Recognition Using Eigen Faces and Artificial Neural Network", International Journal of Computer Theory and Engineering, Vol. 2, No. 4, August, 2010, ISSN No.- 1793-8201

47. . A. Hossein Sahoolizadeh, B. Zargham Heidari, e C. Hamid Dehghani, "A New Face Recognition Method using PCA, LDA and Neural Network", World Academy of Science, Engineering and Technology 41 2008, Page No.-7-12

48. . D.A. Meedeniya, D.A.A.C. Ratnaweera, "Enhanced Face Recognition through Variation of Principle Component Analysis (PCA)", Segunda Conferência Internacional sobre Sistemas Industriais e de Informação, ICIIS 2007, 8 - 11 de agosto de 2007, Sri Lanka, 1-4244-1152-1/07, 2007 IEEE, Página No.-347-351

49. S. Chakrabarti, B. Dom e P. Indy. Categorização melhorada de hipertexto usando hiperlinks. Na Conferência SIGMOD, páginas 307 318, 1998.

50. M. Craven e S. Slattery. Aprendizagem relacional com invenção de predicados estatísticos: Melhores modelos para hipertexto. Machine Learning, 43(1/2):97 119, 2001.

51. V. Estruch, C. Ferri, J. Hern_andez e M. J. Ramrez. Aprendizagem de árvores de decisão

baseadas na distância para tipos de dados estruturados. Relatório técnico, D.S.I.C., UPV, 2004.

52. O. Etzioni. A rede mundial de computadores: Quagmire or gold mine? Communications of the ACM, 39(11):65-68, 1996.

53. Wen-Chen Hue. Classe Web: Classificação de documentos da Web usando árvores de decisão modificadas.

54. S. Slattery e T. M. Mitchell. Descobrindo regularidades de conjuntos de testes em domínios relacionais. Em
55. Actas da Décima Sétima Conferência Internacional sobre Aprendizagem Automática (ICML 2000), páginas 895-902, 2000.

A. Sun, E.-P. Lim, e W.-K. Ng. Classificação da Web usando máquina de vetores de suporte. Em Proceedings of the 4th Int. Workshop on Web Information and Data Management, páginas 96{99, novembro de 2002.

56. . Agarwal, C. C. (2004). On leveraging user access patterns for topic specific crawling, Data Mining and Knowledge Discovery 9(2): 123-145.

57. . Altingovde, I. S. e Ulusoy, O. (2004). Exploiting interclass rules for focussed crawling, IEEE Intelligent System 19(6): 66-73.

58. . Ansari, S., Kohavi, R., Mason, L. e Zheng, Z. (2001). Integração do comércio eletrónico e da extração de dados: Architecture and challenges, Proceedings of the 2001 IEEE International Conference on Data Mining, IEEE Computer Society, pp. 27-34.

59. BBC(2005). Web enjoys year of biggest growth, Online. acedido em 05/2008.
60. *http://news.bbc.co.uk/2/hi/technology/4325918.stm

61. . Berendt, B., Mobasher, B., Nakagawa, M. e Spiliopoulou, M. (2002). The impact of site structure and user environment on session reconstruction in web usage analysis, Proceedings of the 4th WebKDD 2002 Workshop, at the ACMSIGKDD Conference on Knowledge Discovery in Databases, pp. 115-129.

62. . Brickell, J., Dhillon, I. S. e Modha, D. S. (2007). Adaptive website design using caching algorithm, Advances in Web Mining and Web Usage Analysis, Vol. 4811/2007, Springer, pp. 1-20.

63. . Catledge, L. D. e Pitkow, J. E. (1995). Characterizing browsing strategies in the World Wide Web, Computer Networks and ISDN Systems 27(6): 1065-1073.

64. . Chakrabarti, S., Dom, B. e van de Berg, M. (1999). Focussed crawling: A new approach to topic specific web resource discovery, Proceedings of the 8th World Wide Web Conference, Elsevier, Toronto, pp. 545-562.

65. . Cooley, R., Mobasher, B. e Srivastava, J. (1999). Data preparation for mining World Wide Web browsing patterns, Knowledge and Information System 1(1): 5-32.

66. . Cooley, R., Tan, P.-N. e Srivastava, J. (2000). Discovery of interesting usage patterns from

web data, Web Usage Analysis and User Profiling, Vol. 1836/2000, Springer, San Diego, pp. 163-182.

67.. Crescenzi, V., Merialdo, P. e Missier, P. (2005). Clustering Web pages based on their structures, Data and Knowledge Engineering 54: 279-299.

68.. Etzioni, O. e Perkowitz, M. (1997). Adaptive websites: An AI challenge, Actas da 15ª Conferência Internacional Conjunta sobre Inteligência Artificial, Morgan Kaufmann, pp. 1623.

69.. Etzioni, O. e Perkowitz, M. (2000). Towards adaptive web sites: Conceptual framework and case study, Artificial Intelligence 118(1-2): 245-275.

70.. Facca, F. e Lanzi, P. (2005). Extrair conhecimentos interessantes de weblogs: A survey, Data Mining and Knowledge Discovery 53(5): 225-241.

71.. Fan, L., Cao, P., Lin, W. e Jacobson, Q. (1999). Web prefetching between low bandwidth clients and proxies: Potential and performance, Proceedings of the ACM SIGMETRICS International Conference on Measurement and Modeling of Computer Systems, ACM Press, New York, pp. 178-187.

72.. Festa, P. (2003). Personalized websites are driving customers away, Online. acedido em 03/2007. *http://networks.silicon.com/webwatch/0,39024667,10006394,00.htm

73.. Godoy, D. e Amandi, A. (2006). Modeling user interests by concetual clustering, Information Systems, Vol. 31, Elsevier Science Ltd., pp. 247-265.

74.. Goker, A. e He, D. (2000a). Analysing Web search logs to determine session boundaries for user-oriented learning, Proceedings of the International Conference on Adaptive Hypermedia and Adaptive Web-based Systems, Vol. 1892/2000, Springer, pp. 319-322.

75.. Goker, A. e He, D. (2000b). Detecting session boundaries from Web user logs, Proceedings of the 22nd Annual Colloquium on Information Retrieval Research, pp. 57-66.

76.. Goker, A., He, D. e Harper, D. (2002). Combining evidence for automatic web session identification, Information Processing and Management 38(5): 727-742.

77.. Good, N., Schafer, B., Konstan, J., Borchers, A., Sarwar, B., Herlocker, J. e Riedl, J. (1999). Combining collaborative filtering with personal agents for better recommendations, Actas da 16ª Conferência Nacional sobre Inteligência Artificial, Associação Americana de Inteligência Artificial, Menlo Park, CA, pp. 439-446.

78.. Jiang, X.-M., Song, W.-G. e Zeng, H.-J. (2005). Applying associative relationship on the clickthrough data to improve web search, Advances in Information Retrieval, Vol. 3408/2005, Springer, pp. 475-486.

79.. Langley, P. (1999). User modeling in adaptive interfaces, Actas da 7ª Conferência Internacional sobre Modelação de Utilizadores, Springer New York, Inc., pp. 357-370.

80.. Lee, J.-H. e Shiu, W.-K. (2004). Um sistema de sítio Web adaptável para melhorar a eficiência com técnicas de prospeção da Web, Advanced Engineering Informatics 18(3): 129-

142.

81. . Lieberman, H. (1995). Letizia: An agent that assists Web browsing, Actas da Conferência Internacional Conjunta sobre Inteligência Artificial, Morgan Kaufmann, pp. 924-929.

82. . Lieberman, H., Dyke, N. V. e Vivacqua, A. S. (1999). Let's Browse: A collaborative Web browsing agent, Proceedings of the 1999 International Conference on Intelligent User Interfaces, ACM Press, Los Angeles, CA, pp. 65-68.

83. . Lourenço, A. e Belo, O. (2006). Catching web crawlers in the act, Actas da 6ª Conferência Internacional sobre Engenharia Web, ACM, pp. 265-272.

84. . Masseglia, F., Poncelet, P. e Teisseire, M. (2003). Utilização de técnicas de extração de dados em registos de acesso à Web para melhorar dinamicamente a estrutura do hipertexto, SIGWEB Newsletter 8(3): 13-19.

85. . McGovern, G. (2003). Why personalization has not worked, Online. acedido em 03/2007. *http://www.gerrymcgovern.com/nt/2003/nt 2003 10 20 personalization.htm

86. . Mitchell, T., Joachims, T. e Freitag, D. (1997). Web watcher: A tour guide for the world wide web, Proceding of the 15th International Joint Conference on Artificial Intelligence, Morgan Kaufmann, Japão, pp. 770-775.

87. . Mobasher, B., Cooley, R. e Srivastava, J. (1999). Creating adaptive web sites through usage-based clustering of URLs, Proceedings of the 1999 Workshop on Knowledge and Data Engineering Exchange, IEEE Computer Society, Washington, USA, pp. 19-25.

88. . Mobasher, B., Cooley, R. e Srivastava, J. (2000). Automatic personalization based on web usage mining, Communications of ACM 43(8): 142-151.

89. . Netcraft (2008). Inquérito sobre servidores Web, Online. acedido em 05/2008.
90. *http://news.netcraft.com/archives/web server survey.html

91. . Page, L., Brin, S., Motwani, R. e Winograd, T. (1998). The pagerank citation ranking: Bringing order to the web, Relatório técnico, Stanford Digital Library Technologies Project. citeseer.ist.psu.edu/page98pagerank.html.

92. . Pavlov, D., Manvoglu, E., Giles, L. e Pennock, D. (2004). Collaborative filtering with maximum entropy (Filtragem colaborativa com entropia máxima), IEEE Intelligent Systems 19(6): 40-48.

93. . Perkowitz, M. e Etzioni, O. (1997). Adaptive sites: Automatically learning from user access patterns, Relatório técnico, Department of Computer Science and Engineering, University of Washington.

94. . Pirolli, P., Pitkow, J. e Rao, R. (1996). Silk from a sow's ear: Extracting usable structures from the Web, Actas da Conferência de 1996 sobre os Factores Humanos nos Sistemas Informáticos (CHI-96), Vancouver, British Columbia, Canadá

95. Pitkow, J. (1997). In search of reliable usage data on the WWW, Computer Networks and ISDN Systems, Vol. 29, Elsevier Science, Santa Clara, CA, pp. 1343-1355.

96. . Rangarajan, S., Phoha, V., Balagani, K., Selmic, R. e Iyengar, S. (2004). Adaptive neural network clustering of Web users, Computer 37(4): 34-40.

97. . Shardanand, U. e Maes, P. (1995). Social information filtering:algorithms for automating "word of mouth", Proceedings of ACM Conference on Human Fator in Computing Systems, Vol. 1, ACM Press, pp. 210-217.

98. . Gonzalez RC e Woods RE, "Digital Image Processing" Pearson Education Pvt. Ltd, Second Edition, Delhi, (2003).

99. . Kim YT, "Contrast Enhancement Using Brightness Preserving Bi-Histogram Equalization", Consumer Electronics, IEEE Transactions on, (1997), vol. 43, no.1, pp.1-8.

100. . Wang Y, Chen Q, e Zhang B, "Image Enhancement Based On Equal Area Dualistic Sub-Image Histogram Equalization Method", Consumer Electronics, IEEE Transactions on, (1999), vol. 45, no. 1, pp. 68-75.

101. . Chen SD e Ramli A, "Contrast Enhancement Using Recursive Mean-Separate Histogram Equalization For Scalable Brightness Preservation", Consumer Electronics, IEEE Transactions on, (2003), vol. 49, no. 4. pp. 1301-1309,

102. . Sim KS, Tso CP, e Tan YY, "Recursive Sub-Image Histogram Equalization Applied to Gray Scale Images", Pattern Recognition Letters, Feb (2007), vol. 28, pp. 1209-1221.

103. Abdullah-Al-Wadud M, Kabir Md.H, Dewan MAA, e Chae O, "A Dynamic Histogram

104. Equalization for Image Contrast Enhancement", IEEE Trans. Consumer Electronics, maio (2007), vol. 53, no. 2, pp. 593-600.

105. . Ibrahim H, Kong NSP, "Brightness Preserving Dynamic Histogram Equalization For Image Contrast Enhancement", Consumer Electronics, IEEE Transactions on, Nov (2007), vol. 53, no. 4, pp. 1752-1758.

106. . Kim M, Chung MG, "Recursively Separated and Weighted Histogram Equalization for Brightness Preservation and Contrast Enhancement", Consumer Electronics, IEEE Transactions on, Aug (2008), vol. 54, no. 3, pp. 1389-1397.

107. . I. Jafar, H. Ying, "Multilevel component-based histogram equalization for enhancing the quality of gray scale images", Electro/Information Technology, 2007 IEEE International Conference on, pp. 563-568.

MIX
Papier aus verantwortungsvollen Quellen
Paper from responsible sources
FSC® C105338

Printed by Books on Demand GmbH, Norderstedt / Germany